Karl Zéro

Dans la peau de Luka Magnotta

Histoire d'un web-killer

Fayard

Couverture : Atelier Didier Thimonier ; photo © Newscom / Sipa ;
photo de l'auteur © Vesin Romain

ISBN : 978-2-213-67227-4

Avant-propos

Luka Magnotta est actuellement en prison dans l'attente de son procès. Il a plaidé non-coupable et, jusqu'à ce qu'un jugement définitif soit rendu, il est présumé innocent.

Les propos tenus dans ce livre à la première personne par Luka Magnotta relèvent de la fiction. Ils ont été inspirés à l'auteur par les écrits de Luka Magnotta, ses dires et le caractère exceptionnellement exhibitionniste des crimes qui lui sont reprochés.

CHAPITRE 1

1 Lunatic 1 Ice Pick

« Si je devais revivre ma vie une nouvelle fois, je referais les mêmes erreurs, mais plus tôt. »

TALLULAH BANKHEAD
Luka Magnotta @Luka_Magnotta

Je m'appelle Luka Rocco Magnotta. C'est mon nom *italian style*, un pur nom de star, je trouve.

Je suis devenu une star, d'ailleurs. À la force du poignet, diront les petits marrants. Le monde entier me connaît depuis qu'on m'accuse d'avoir massacré un étudiant chinois, Lin Jun, avec un pic à glace, avant de le démembrer, de faire l'amour avec les morceaux et d'en manger certains. C'était le but. Plus que tout, je voulais être célèbre.

« 1 Lunatic 1 Ice Pick », ma vidéo, a fait le tour du monde. J'ai même eu six cents *like* sur Facebook avant

qu'ils ne la retirent. Mais on peut toujours la voir, cherchez un peu… Tout reste, sur le net, pour l'éternité. Comme quand on brûle en enfer, quoi.

Parfois je m'appelle Vladimir Romanov, puisque je suis d'origine russe du côté de ma mère, Anna Y. Je m'appelle aussi Eric Clinton Newman, c'était mon vrai nom de Canadien jusqu'en 2006. Après j'ai changé, officiellement. En fait, je suis multiple : plusieurs personnes – cent vingt-sept exactement – cohabitent dans le même corps, le mien… Le plus beau corps que vous puissiez imaginer. Bon, ces derniers temps, c'est vrai, je suis pas au top, mais je reste quand même mignon… Surtout pour un mec qu'on veut faire passer pour un monstre !

Je vais vous raconter comment et pourquoi je suis devenu celui que les médias appellent « le Dépeceur de Montréal »… Bon, en réalité, j'ai *déjà* tout raconté depuis des lustres, sur le net. J'ai averti, j'ai mis en garde, j'ai dit plein de trucs. Mais en pièces détachées, si je peux dire. Personne ne m'a vu venir. Pendant des années, au hasard des réseaux sociaux de blogs, de chats, de forums, de sites psy, porno ou conspi… Mais personne ne m'a lu. Ou ne m'a cru. C'est la raison d'être de ce livre. C'est ma compil. Mon best of. C'est aussi celui de notre temps. Car qui mieux que moi, Luka Magnotta, le webkiller, peut raconter notre époque ? Je suis le pur produit de l'hydre que vous avez créée et que vous alimentez sans relâche autant qu'elle vous gave : la Toile.

Internet, c'est ma vie. C'est mon Dieu. Un dieu païen à qui il faut faire des offrandes, des sacrifices.

D'abord des chatons, puis, dans la foulée, un étudiant chinois...

C'est à 90 % sur Internet que ma vie s'est déroulée et c'est à cause d'Internet que je me suis fait gauler. Quand on héberge en soi autant de colocataires différents, Internet leur permet de s'exprimer tous...

Je suis un mannequin métrosexuel, hyper gaulé et millionnaire ; je suis un petit garçon abusé par un vigile et martyrisé par son beau-père ; l'amant honteux de sa belle-mère, si honteux vis-à-vis de son père défoncé qui pionçait à côté sur le canapé pendant qu'il la baisait ; je suis une tapette masochiste qui réclame la « grosse arme » de son « militaire » ; je suis un acteur porno gay sous-employé ; je suis un escort-boy que vous pouvez louer pour une heure ou un week-end, parfois accusé par ses clients de mentir sur la taille réelle de son pénis ; je suis nécrophile et cannibale ; je suis un suprémaciste blanc qui admire Hitler ; je suis un masseur érotique sur rendez-vous à L.A. ; je suis un adorateur de Satan, un pourfendeur d'Illuminatis. Je suis tout à la fois.

Il paraît que j'incarne la Génération Y, cette génération de crétins azimutés dont la culture s'est intégralement fabriquée sur le net à grands coups de Wiki, de Facebook, de Twitter, de copié-collé, de rumeurs et même de *snuffs* flottant dans le *deep web*.

Enfin, ça, ce sont les Autres qui le disent, et c'est pour ça que vous allez les retrouver de temps en temps dans ce livre, ces autres, *en italiques*... Les psys, les criminologues, les flics, les journalistes, les témoins, les experts de tous poils glosent sur mon compte *en italiques*... La vie est décidément mal faite : c'est maintenant qu'ils ont plein de trucs à dire sur moi, plein de conseils à donner, quand je n'en ai plus besoin. Et moi, je vous parlerai « écrit en caractères normaux ». Pour une fois, être « normal » me changera...

Je suis multiple mais j'ai été surtout seul. Terriblement seul. Y avait pas grand monde pour m'aider. Et, en même temps, j'étais entouré en permanence par une foule d'internautes. Ils me suivaient, m'admiraient, me haïssaient. Ils me faisaient vivre.

Seul, je le suis encore plus aujourd'hui ? Non. Même ici, à l'isolement chez les dingues, à Rivière-des-Prairies (Québec), je me sens moins seul. Parce que j'ai pas de connexion internet. Tous les jours, il y a au moins une personne qui entre dans ma cellule et qui me parle *en vrai*. Avant, c'était si rare. C'était sur le net que je m'exprimais. Je faisais tout : les questions et les réponses. Un *post*, et tous les commentaires en dessous, sous ma multitude d'identités. Je parlais dans le vide et je me répondais.

Je me suis fait arrêter connement en allant dans un cybercafé de Berlin, le Spätkauf Internet Café. J'étais en cavale ; j'étais passé par Paris voir des « amis » rencontrés sur Facebook, mais ça commençait à craindre ; déjà, à l'aéroport de Roissy, j'avais vu des papiers sur moi dans les journaux. J'avais les flics français aux trousses, je pouvais pas traîner, alors j'ai vite repris un car pour Berlin.

Le cybercafé, c'était pas une bonne idée. Mais c'était plus fort que moi. La vanité m'aura perdu... Je voulais voir à quoi ressemblait ma fiche Interpol, et, surtout, s'ils y avaient mis une jolie photo de moi. Je suis coquet. Et puis, il me fallait envoyer un message à mes fans... C'était une vieille vidéo où je suis blond, je fume une clope, je dis « Bonjour à tous mes fans » sur fond de *La Isla Bonita*, de Madonna... C'est là que ce pédé de Turc qui tient le cybercafé m'a regardé drôlement. J'ai compris qu'il avait déjà vu ma tête quelque part... Il m'a conduit au poste 25 et a couru vérifier dans le journal. Plus de doute. Le con s'est précipité au-dehors et à la première voiture de flics qu'il a aperçue, il m'a balancé.

Ce jour-là, sur mon (faux) passeport, je m'appelais Tramell, le même nom que Sharon Stone dans *Basic Instinct*.

J'adore ce film, je l'ai vu des milliards de fois en buvant du whisky, la nuit, avec ma belle-mère, on le regardait en boucle. Un soir, on était encore en train de le regarder quand elle m'a montré ses seins. À vous dire le vrai, c'est encore mon cauchemar. Une histoire difficile à raconter. Ma douleur, ma honte sont toujours présentes. Je ne crois pas que je m'en remettrai un jour... J'ai fait là une grave erreur. C'était il y a quelques années. Même si mon père est quelqu'un de gentil qui ne m'a jamais frappé, ni fait le moindre mal, il a un côté très sombre. C'est un alcoolique accro aux médocs. Bourbon et cachetons : pas terrible, le mélange.

Depuis des jours et des jours il prenait des doses massives de comprimés et dormait dans la baignoire.

Ma belle-mère et moi avions bien essayé de l'aider, mais ça ne servait à rien. Il tombait dans les escaliers, tellement il était cuit, le pauvre, et je passais ma vie à l'emmener aux urgences. Il s'est cassé une côte, et la fois d'après, carrément un bras et une jambe ! Il était tombé dans un fossé à 2 heures du mat', il a failli mourir de froid, défoncé aux pilules, incapable de bouger… Heureusement, il a été sauvé par un voisin.

Comme il pionçait vingt-trois heures par jour, il a fini par prendre énormément de poids. Une otarie. Ma belle-mère en avait sa claque d'être seule. Elle voulait tout le temps que je la console au téléphone, et on parlait toute la nuit… Elle m'appelait à l'aide pour que je lui donne des conseils quand elle ne savait plus quoi faire, c'est-à-dire tout le temps. Alors j'ai commencé à venir de plus en plus souvent chez elle et Papa, à passer de plus en plus de temps avec elle. Pendant que mon père somnolait sur le canapé, elle m'offrait à boire, nous discutions, nous passions la nuit à regarder des films : *Basic Instinct*, donc, et *Nikita*.

Une nuit, elle a dit non. Ce soir-là, elle ne voulait plus regarder de films avec moi. Elle voulait *aller plus loin*… Elle a commencé à parler sexe, elle m'a dit qu'il faisait très chaud. Voyez le tableau.

Je m'appelle Luka Rocco Magnotta et je l'ai pas vue venir. Elle a enlevé le haut. Puis, comme ça, sans crier gare, elle m'a embrassé. Ça m'a choqué. Je ne savais pas quoi faire. Je bandais, mais je ne pouvais m'empêcher de penser à mon père. Elle frottait ses seins contre moi et il était là, affalé à côté de nous, défoncé, comme mort, en train de ronfler sur le coin du canapé avec son gros ventre à l'air.

Elle ne voulait plus s'arrêter. Elle s'en foutait. On s'est déshabillés et on a fait l'amour ensemble. Ça a continué comme ça pendant des mois. Je sais ce que vous pensez en lisant ça : quel salaud. Mais je ne suis pas malade. C'est arrivé comme ça, c'est tout. On ne contrôle pas tout ce qui arrive.

On passait notre temps au zoo de Toronto. On a même fait l'amour à côté de la cage aux loups ! Très érotique. On le faisait aussi chez sa mère à elle quand celle-ci était au travail. Puis elle m'a dit qu'elle voulait quitter mon père pour m'épouser. Là, j'étais vraiment déboussolé. Je ne savais plus bien quoi faire. Alors j'ai essayé de la calmer un peu. Nous avons continué d'avoir des rapports chez elle et Papa, pendant quelques semaines, puis je lui ai dit que j'avais trouvé quelqu'un d'autre, qu'entre nous c'était fini.

Je me sens toujours mal, car mon père n'est pas plus au courant qu'avant. Chaque fois que je le regarde, je me sens coupable. Je ne sais plus quoi dire.

Sans compter que, depuis, il s'est fait soigner, il n'est plus alcoolique… Et, Dieu soit loué, il s'est remis avec elle. Ils sont heureux et font des balades autour de la place, près de chez eux. Mais elle flirte toujours avec moi, et quand nous nous revoyons, on finit souvent à poil…

Personne n'était au courant. Est-ce que c'était mal de coucher avec elle ? Même si mon père ne pouvait plus la satisfaire, même si elle était abandonnée et déprimée ?

J'ai l'impression d'avoir rendu service à tout le monde, y compris à mon père. Je pensais juste qu'il était préférable qu'il ne sache rien de cette histoire. Bon, là, c'est mort.

Je m'appelle Luka Rocco Magnotta et je suis souvent déguisé en Sharon Stone. Pour des clients, ou juste pour le *fun*... J'aime me maquiller, mettre des perruques, me travestir. Je suis aussi sexy que Sharon, pas vrai ?

Moi, parfois, je suis tellement beau dans la glace que j'ai du mal à me reconnaître... Souvent, quand je me regarde, je n'arrive pas à croire que c'est moi, là, dans le miroir.

Je passe en marchant et je vois ce mec super canon qui se reflète dans les vitrines, et c'est moi ! C'en est choquant. Je suis tellement beau que, quand je me vois, à chaque coup je suis stupéfait, incrédule. On me dit souvent que je suis encore plus beau qu'un prince...

Les gens m'arrêtent pour me dire que je suis super sexy, ils me demandent si je ne viens pas d'une famille royale ! Je ne plaisante pas. Je marche dans la rue et ils viennent me parler, ils veulent passer du temps avec moi, me disent à quel point je suis beau.

Je suis si beau que je crois que je fais peur... Les gens n'osent pas me draguer ouvertement, ils craignent de ne pas être au niveau, et que je les rejette.

Je ne me fais pas draguer par les hommes. On me dit que les mecs ne me draguent pas parce qu'ils sont intimidés par ma beauté. Des filles aussi disent que je ne suis pas si beau, que c'est peut-être pour ça qu'on ne me drague pas. Suis-je trop beau ? Sont-elles jalouses ? Ou tout simplement sincères ?

Pour vous, j'en suis où, sur une échelle de 1 à 10 ?

Je suis comme ça, je n'y peux rien… C'est dur de ne pouvoir aller nulle part sans se faire harceler…

Je peux dire que j'ai un autre point commun avec Sharon : l'amour du pic à glace… T'attaches la victime aux barreaux du lit, tu te mets à califourchon sur elle, et quand elle est bien chaude, *schlak*, tu la plantes ! Plein de fois. Regardez *« 1 Lunatic 1 Ice Pick »*, vous serez frappé par le style des plans, on dirait qu'ils sont calqués sur ceux de *Basic Instinct*. Sauf que là, la victime se fait découper. Mais, à part ça, c'est le même scénario.

Dans son film, Sharon Stone est auteur de polars, et elle se fait serrer par les keufs parce que son meurtre est la copie conforme de celui raconté dans un de ses propres livres. Connerie de scénariste, ça !

Est-ce que je me suis fait serrer à Berlin parce que la vidéo que j'ai mise en ligne était pompée sur le film de Sharon Stone ? Ou parce que j'ai écrit plus tard, dans un mail, la devise de *Basic* : « Fumer, tu peux t'arrêter ; tuer, jamais » ? Y a un copyright, pour ça ? Bah, ils m'ont déjà bien chargé à la première comparution, alors je suis pas à une contrefaçon près…

Je plaide non-coupable. La vidéo, OK, c'est moi qui l'ai mise en ligne. Mais le crime, c'est pas QUE moi.

On va y revenir.

CHAPITRE 2

Midnight Cannibalism Train

Les opinions des autres sur moi ne me concernent pas.

Luka Magnotta @Luka_Magnotta

Y a un truc que je ne comprendrai jamais. C'est votre hypocrisie. Ce que vous adorez voir au cinéma, vous l'abhorrez quand c'est en vrai.

Comme moi vous avez frissonné, ressenti cet inavouable sentiment d'horreur sadique, bref vous avez a-do-ré quand, dans *Seven*, Brad Pitt reçoit la tête coupée par la Poste ? Mais vous trouvez horrible l'idée qu'on ait retrouvé la tête de Lin Jun dans le parc Angrignon.

Commandant Ian Lafrenière (porte-parole du SPVM – service de police de Montréal) : « C'est une personne qui a vraiment cherché à faire du spectacle. Lorsqu'on envoie des parties de corps à des partis politiques à Ottawa, c'est évident, ça déclenche un grand intérêt médiatique. Par la suite, on en a aussi reçu dans des écoles : aucun lien entre les écoles et les partis politiques, c'était donc vraiment pour attirer l'attention. Et il a su garder – je dis ça sans faire de jeu de mots – "la pièce maîtresse", la tête, qu'on a cherchée pendant plusieurs semaines. Il l'avait cachée, il l'avait dissimulée dans un étang, dans un parc, à Montréal, comme pour maintenir le suspense. Je dirai que c'est un très mauvais scénario de très mauvais film ! »

Les mêmes trouvent tout aussi atroce l'idée qu'on ait expédié par colis ses mains et ses pieds : un pour le Parti conservateur, l'autre pour le Parti libéral. Et le reste pour une école de Vancouver... Comme ça, pas de jaloux. De toute façon, ils vendent tous la même salade.

« *Même les conservateurs ne méritaient pas de recevoir ça !* » a commenté le chef du Parti libéral. On rêve !

Effrayant ? Mouais. Pas plus que l'autoportrait que Lin Jun avait publié sur *Weibo*, le Facebook chinois, pour la Saint-Valentin. Un photo-montage de lui-même en vampire post-punk aux dents acérées. Dérangé, quand même, le mec... Et que dire de son autre « œuvre » : l'intérieur désert d'un wagon du métro de Montréal, flashé dans les tons verts, intitulé « *Midnight Cannibalism Train* » ? Prémonitoire, non ?

Lin Jun se faisait appeler « Justin le Vilain ». Il était fier d'être gay, ce qui n'était pas évident pour un Chinois... Plutôt solitaire, comme garçon, et surtout triste d'être, à trente-trois ans, le plus vieux de sa section à l'Université. Les étudiants l'appelaient

« Tonton ». Son but, dans la vie, c'était de trouver le grand amour, l'âme sœur. En un sens, il l'a trouvée. Il a fait le grand saut. Sa mère a dit qu'elle me pardonnait.

MAMAN DE LIN JUN : « Le plus dur, c'est de savoir que beaucoup de gens ont vu la vidéo de l'assassinat sur le web. Chaque fois, c'est comme si mon fils était tué à nouveau... »

COMMANDANT IAN LAFRENIÈRE : « On sait qu'il y avait eu une relation entre eux, que ces gens-là se connaissaient. On sait que Lin Jun travaillait dans un "dépanneur", une supérette, où il rencontrait des gens. Quel a pu être le contact initial entre eux deux ? C'est un détail qu'on n'a pas encore. Est-ce qu'ils se sont rencontrés sur le net ? Sur un réseau de rencontres ? Je ne suis pas en mesure de vous le dire, mais on sait que ce sont des gens qui n'étaient pas des inconnus l'un pour l'autre.

Pour la famille de Lin Jun, c'est horrible. Ils avaient envoyé leur garçon étudier au Canada en espérant qu'il reviendrait avec des diplômes, un bagage, et finalement ils comprennent que leur garçon reviendra en Chine dans une urne... Retrouver la tête dans le parc leur a permis de faciliter le travail de deuil. »

Au Canada, la presse m'a surnommé « Canadian Psycho » à cause du film *American Psycho*, d'après Bret Easton Ellis. Encore un block-buster que j'ai vu et revu avec ma belle-mère. J'ai joui à plein de moments du film. L'histoire de Patrick Bateman, un golden-boy obsédé par son corps (comme moi), qui filme ses ébats (comme moi), qui méprise la souffrance (comme moi), et qui finit serial-killer…

Ça, bon, ils ne m'en ont pas laissé le temps...

Je m'appelle Luka Rocco Magnotta, et ils m'ont coffré avant.

Lin Jun a été démembré, ses membres placés dans des sacs-poubelles, son tronc dans une valise. J'ai fermé l'appart' : *Goodbye*, l'appart' 208, au 4e étage ; au revoir, le boulevard Decarie et la côte des Neiges. J'allais m'envoler, changer d'identité, j'avais vraiment tout planifié.

Gilles Chamberland (psychiatre, expert près les tribunaux canadiens) : « *Tant qu'il n'a pas été évalué, psychiatriquement parlant, dans le cadre de son procès, on ne peut que spéculer sur son cas, mais il n'y a que deux possibilités : soit il a une maladie (trouble affectif bipolaire, schizophrénie…), soit il a une personnalité pathologique, c'est-à-dire qu'il "est comme ça", qu'il a un comportement en harmonie avec une pathologie sans pour autant montrer en permanence un comportement délirant. Dans ce cas, il peut avoir des troubles de la personnalité narcissiques, histrioniques, sadiques, il peut éprouver de l'excitation sexuelle à faire souffrir des animaux, des gens, voire même à les tuer… mais ne pas être malade mental à proprement parler.*

Il faut comprendre que si un individu a un comportement délinquant, voire sexuellement dépravé, ce n'est pas nécessairement parce qu'il est malade.

Donc, si on n'est pas en face d'un individu atteint d'une maladie psychiatrique, on pourrait être en face d'un individu qui a une personnalité très narcissique, qui se sent irrésistible, fantastique, ce qui pourrait expliquer cette constante de se trouver très beau ; il pourrait avoir des composantes histrioniques, vouloir être le centre du monde, et avoir des pathologies au niveau sexuel, comme celle de vouloir faire souffrir, d'être sadique.

Mais la maladie n'est pas exclue... S'il souffre d'un trouble affectif bipolaire, il peut très bien avoir un "délire grandiose". J'ajoute que si, en plus, cet individu consomme des stupéfiants, cela va évidemment renforcer un certain type de comportements aberrants.

Rien n'est donc exclu, à ce stade, tant qu'il n'aura pas été évalué. Mais il faut simplement rappeler que dans l'imaginaire populaire, avoir commis un geste comme celui dont on l'accuse prouve qu'il est forcément "malade". Or, il faut savoir que quand on retranscrit ça au niveau légal, la maladie mentale va amener une non responsabilité de l'individu, alors que si c'est la personnalité de l'individu qui est comme ça, et qui le conduit à agir ainsi, il sera déclaré totalement responsable de ce qu'il a fait. »

J'avais pensé à tout... sauf aux éboueurs, qui sont des grosses feignasses. Le lendemain matin, donc, quand ces zombies de la voirie se sont pointés pour ramasser les poubelles, leur benne était déjà trop chargée et ils ont dit : « Bon, tant pis, on repassera ! »

Ils ont tout laissé là où c'était : les sacs et la valise ! Forcément, ça n'a pas tardé à commencer à sentir. Il fait chaud, à Montréal, en été.

Mike Nadeau (employé de nettoyage) : « Mardi, on nettoyait dehors et on a remarqué qu'il y avait une valise, juste là. Je suis allé trouver un voisin et je lui ai dit : "Regardons un peu ce qu'il y a dans cette valise", parce qu'elle dégageait une odeur horrible, et qu'on voyait des asticots qui en sortaient. Quand on l'a ouverte, on a découvert un corps sans tête. »

Dans un *post* publié il y a des années, j'avais tout expliqué méthodiquement, en six points : « Comment disparaître pour ne jamais être retrouvé » :

GUIDE PRATIQUE
POUR LAISSER SA VIE DERRIÈRE SOI.

Lorsqu'on décide de disparaître, il faut être conscient que c'est quelque chose qui se prépare. Dans des circonstances normales, quatre mois au moins sont nécessaires pour laisser son ancienne vie derrière soi. Ce n'est pas quelque chose à prendre à la légère. Avant de commencer, réfléchissez-y à deux fois !

La première chose à faire, une fois la décision prise d'accomplir cette transformation, est de choisir où vous irez. La ville que vous préfériez avant n'est peut-être pas le meilleur choix, si vous en avez déjà parlé à d'autres. Votre destination devra être hors de votre province ou État. Documentez-vous, pensez à ce que vous allez y faire, une fois que vous y serez. Le plus important, c'est de choisir une destination et de s'y tenir. Une fois la destination choisie, vous êtes prêt à planifier votre disparition.

Les trois premières phases doivent être accomplies de façon simultanée tout au long des quatre mois suivants :

Première étape :

Coupez les liens avec toutes les personnes qui vous connaissent. Disparaissez de chaque groupe, organisation, cercle social, table de bingo ou association de covoiturage dont vous faites partie. Chose primordiale : il faut faire ça lentement. Disparaissez de façon trop abrupte et vos amis et connaissances seront immédiatement alertés. Réussir ce passage signifie plusieurs mois de rendez-vous manqués et de coups de fil non rendus. Augmentez graduellement votre absence jusqu'à ce que vous n'ayez plus aucun contact avec les personnes qui vous connaissaient.

Deuxième étape :

Liquidez tous vos biens. Débarrassez-vous de vos actions, biens meubles et propriétés, sauf pour ce qui est d'un nécessaire de survie incluant une semaine de vêtements et d'accessoires de toilette (notez bien : un ordinateur n'en fait PAS partie). Vendez votre maison si vous êtes propriétaire et célibataire. La maison devra être la dernière chose à être vendue. Notez bien que si vous êtes marié, vous ne devez pas vendre ce qui est à votre partenaire ou ce qui vous appartient conjointement. Ça voudra probablement dire que vous ne pourrez pas vendre la maison, on n'y peut rien. Vendre des choses qui ne vous appartiennent pas à 100 % peut engendrer toute une série de sales conséquences qui aideraient policiers ou détectives privés à vous pister après votre disparition. À éviter coûte que coûte. N'acceptez que du cash pour ce que vous vendez, retirez tout ce que vous avez sur votre compte en banque, mais attendez aussi longtemps que possible avant de le fermer. Soyez très sélectif lorsque vous déciderez de ce que vous emporterez avec vous : tout devrait entrer dans une valise (ou deux maximum), ne gardez que ce qui est absolument nécessaire. Toutes les ventes devront être effectuées dans un laps de temps aussi bref que possible ; les mener de front sera sinon impossible, du moins improbable. Enfin, ne vendez pas votre voiture, car vous en aurez besoin lors des premières phases de votre disparition.

Troisième étape :

Munissez-vous de faux papiers. Bien que cela ne soit listé qu'en troisième positon, c'est en réalité la première chose à faire. N'attendez pas le tout dernier moment, car il faut beaucoup de temps pour acquérir de BONS faux papiers. Ils risquent d'être assez onéreux, mais leur coût et la qualité qui va avec sont absolument essentiels. Un permis de conduire à 20 dollars acheté en centre-ville ne fera pas l'affaire. Vous aurez besoin d'un permis de conduire, d'un numéro de sécurité sociale, d'un extrait d'acte de naissance. Dans certains pays vous aurez aussi besoin d'autres types de documents comme la Carte Vitale. Vous aurez besoin de ces papiers en deux jeux distincts, sous deux identités différentes.

Au moment où vous en aurez terminé des deux étapes précédentes, vous devrez avoir déjà obtenu vos deux identités, dont la première indiquera une adresse dans une ville proche de votre domicile actuel.

Quatrième étape :

Vendez votre voiture à la première de vos fausses identités. Pour ce faire, vous devrez ouvrir une boîte aux lettres au nom de votre fausse identité dans sa ville de résidence. Immatriculez la voiture et prenez une assurance. Ne vous inquiétez pas pour les frais : vous n'allez pas les payer.

Cinquième étape :

Dans la semaine précédant votre départ, vous devrez aller voir chacun de vos anciens amis, une seule fois. Lorsqu'ils vous demanderont où vous étiez passé, répondez de façon rassurante, mais restez dans le vague. Ça devrait suffire à leur épargner de s'alarmer à propos de votre disparition pendant au moins quinze jours. Une fois que la dernière vente de vos biens sera conclue, détruisez tous vos papiers actuels. Ce qui signifie : les brûler en totalité. Placez dans votre porte-monnaie les papiers utilisés pour la voiture et 100 dollars en liquide. Placez le reste de votre liquide dans une serviette ou un autre sac approprié. Chargez la voiture avec ce qui vous reste de biens dans la ou les valises. Maintenant, sortez du garage et EN ROUTE !!!!!

Sixième étape :

Vendez votre voiture dans une province ou un État différents en utilisant l'identité qui a servi pour l'immatriculer. Choisissez une ville située à l'opposé de votre véritable destination. Ça brouillera les pistes si quelqu'un se mettait en tête de vous suivre. Maintenant, débarrassez-vous à son tour de cette identité. Une fois de plus, le feu fera l'affaire. Placez la deuxième identité dans votre porte-monnaie. Désormais, plus rien ne vous rattache à votre ancienne vie. Prenez un car et rendez-vous à votre destination. N'y allez pas en avion, car les compagnies aériennes ont des archives beaucoup plus précises que les compagnies d'autocars. Si vous êtes obligé de prendre l'avion (par exemple si votre destination est une île des Caraïbes), prenez auparavant un car pour transiter par une autre destination. Gardez tout le temps avec vous votre sac avec votre argent, ne le laissez ni dans un compartiment à bagages ni dans un endroit non surveillé. Ce sac contient toute votre vie future. Qu'on vous le vole, et vous aurez certes disparu, mais ce sera pour faire la manche au lieu de vivre vos rêves dans votre nouvel environnement !

Je l'avais déjà fait, en 2006, pour devenir Luka Rocco Magnotta : j'avais changé d'identité légalement. Là, j'étais juste en train de recommencer en respectant chacune des étapes, et avec un faux passeport de super qualité.

Qu'est-ce que vous pensez que j'allais foutre en Europe ? Du tourisme ? Dans l'hôtel le plus glauque de la région parisienne ? Dans le quartier le plus pourrave de Berlin ? Non, j'allais me forger une nouvelle identité… Ma fuite, les médias ont dit qu'elle était sacrément bien organisée. C'est pas faux. Ce que je pouvais pas prévoir, c'est que j'allais craquer.

ÉTIENNE (son voisin de siège sur le vol Montréal-Paris) : « Il a été le dernier passager à entrer dans l'avion. On a espéré, avec mon ami, qu'il ne viendrait pas s'asseoir à côté de nous, mais il est venu. Côté un peu trash, look d'ado… Il a un jean dans les tons kaki, un peu sale, il a un T-shirt avec Mickey dessus, ce qui est bizarre, les cheveux mi-longs, gras, très gras, je précise, parce que ça sentait vraiment… Ça sentait les cheveux pas lavés, quoi, c'était pas très agréable. Pendant le voyage, il se cache avec sa veste, avec sa main. Il essaie d'être discret, de ne pas se faire remarquer. À la fin du vol, il se lève, il va au fond de l'avion. Moi, j'étais un peu parano : quand on est en vol, on se pose beaucoup de questions, alors j'alerte l'hôtesse sur son absence, et c'est là qu'elle me l'a montré : il était au fond de l'avion en train de pleurer. »

Envolé, Luka Magnotta ! Désormais, c'est le dénommé Tramell que les flics d'Europe allaient tous rechercher… Mais il a fallu que ce crétin de Turc me reconnaisse...

À Paris, j'avais quelques contacts rencontrés *via* les réseaux sociaux. Le soir de mon arrivée, j'ai retrouvé l'un d'eux – il était plus gros que sur ses photos ! – dans un bar des Batignolles. On voulait prendre un Coca tranquilles, mais il y a eu une embrouille avec des clients, alors on s'est cassés… Plus tard, on a échoué dans le même quartier chez une fille qui organisait une soirée chez elle, on a sonné à l'arrache, on a fait un peu de forcing pour rentrer, mais on s'est fait jeter… L'après midi, j'avais fait un peu de shopping – enfin, façon de parler : j'avais piqué du parfum…

On m'a indiqué un petit hôtel tranquille et pas cher à Bagnolet, c'est là que je suis allé dormir deux nuits. Le jeudi matin, je me suis vu à la télé et j'ai compris qu'il ne fallait plus traîner. Y avait la gare de bus Euroline à côté, c'était plus prudent que l'avion, j'ai pris un ticket pour Berlin, et *ciao !* Il paraît que les flics français ont déboulé peu de temps après, qu'ils ont fouillé ma chambre et retrouvé mes revues pornos et des sacs vomitoires comme il y en a dans les avions, mais surtout – je l'avais laissée à leur intention – la photocopie de mon passeport…

GILLES CHAMBERLAND (psychiatre, expert près les tribunaux canadiens) : « Si on prend l'hypothèse d'un Magnotta narcissique, il se croit facilement au-dessus des enquêteurs, il se sent plus malin que tous les corps de police internationaux... Ce genre d'individu se voit comme un escroc de classe mondiale qu'on ne réussira jamais à attraper par la suite, c'est un peu de ça qu'il se vantait. Ça fait partie de son personnage grandiose, il devient comme un personnage de bande dessinée qui nargue la police et ne se fait pas prendre, un peu comme le Joker dans Batman. *Lui, voit ça comme quelque chose d'extrêmement valorisant. C'est clair qu'un narcissique qui ne peut pas réussir dans la vie de façon conventionnelle peut vouloir se tourner vers des modes non conventionnels pour être le meilleur dans son domaine... »*

CHAPITRE 3

L'aspiratueur

> La différence entre possible et impossible réside dans ma détermination.
>
> **Luka Magnotta** @Luka_Magnotta

J'ai commencé par tuer des chats.

Pourtant, moi, je suis fan de « *lolcats* », ces vidéos marrantes de petits chats, qui pullulent sur le net. Si fragiles, si mignons. J'aime les chats, j'aime leur faire des câlins. J'en avais un que j'adorais, mais Manny l'a tué en lui fracassant la tête.

Je vous ai pas encore parlé de Manny ? C'était mon Maître. Il a fait de moi ce qu'il voulait.

Mais revenons à nos chats... À ma façon je suis un chaton. Et j'ai souvent été maltraité. Enfant, beaucoup. Et, après, pas mal aussi. Sauf que, depuis, j'aime ça... Je suis masochiste. J'ai voulu montrer ce que ça faisait à des petits chats, d'être maltraité. C'était le message, si vous voulez… Faut dire que c'était assez cool, de les voir mourir. Mais je ne sais pas si les petits chats ont éprouvé de la jouissance en mourant.

GILLES CHAMBERLAND : « Dans les critères de la personnalité anti-sociale, il y a, c'est bien connu, le fait de prendre plaisir à faire du mal à des organismes vivants, des insectes, puis des animaux, mais généralement, passé quinze ans, on arrête. Très rares sont ceux qui continuent après la puberté, encore plus rares ceux qui se décident à passer au stade supérieur en s'attaquant à des humains… »

D'abord, j'en ai noyé un. J'ai filmé, mis en ligne. Bof : trop banal. No *buzz*. Fallait pimenter le truc. C'est alors que j'ai eu l'idée de génie. Je suis un putain de génie ! Enfin, pour certains trucs.

J'ai placé les deux chatons dans un sac en plastique, j'ai branché l'aspi 2 000 W, et hop, j'ai aspiré tout l'air du sac ! Effet sous-vide immédiat, et *buzz* garanti. J'ai appelé la vidéo *« 1 garçon 2 chatons »*. Ça n'a pas loupé. Sur le net, je suis devenu « l'Aspiratueur ». Ils ont le sens de la formule, les cons. Puis j'ai eu l'idée de faire bouffer un chaton par un python. Triomphe !

Toutes les associations de défense des animaux se sont mises sur le coup. J'avais pas signé la vidéo. L'avais juste mise en ligne. Je suis devenu l'homme à abattre. Mais comment abattre un mec dont on ne connaît pas le nom ? Fallait d'abord me retrouver. C'est là que *Rescue Ink* a débarqué dans l'histoire, et j'ai vraiment commencé à flipper. Ils m'ont rendu totalement parano.

Rescue Ink, c'est pas vraiment des tendres ni des rigolos. C'est une association style « Chevaliers Blancs » qui s'est fixée pour but de sauver les enfants violés, les femmes battues, les animaux torturés... Elle existe dans pas mal de pays, regroupe des internautes, des militaires, des flics, des mecs dans les ministères, des privés, des avocats, des psys, le tout codirigé par trois types effrayants à voir, style *bikers* tatoués : Joe Panz, Big Ant et Johnny O.

Quand un de leurs membres leur a forwardé « *1 garçon 2 chatons* », ils ont d'abord checké que la vidéo n'était pas truquée, puis leur putain de système s'est mis en branle... Leurs psys ont établi que *« le meurtre des chats n'était qu'une étape, et que si ce n'était pas déjà fait, son auteur allait s'attaquer à des humains, parce qu'il commettait ces crimes avec sadisme, en recherchant la gloire »*. Ils m'ont même alors soupçonné de pédophilie !

Ils ont offert une récompense de 5 000 dollars à quiconque permettrait de m'identifier et de me faire arrêter. Aïe !

Alors, entre leur site et leurs pages Facebook, ils ont eu de 500 000 à un million de visites par semaine... De partout ils ont reçus des tonnes d'infos qu'ils ont recoupées, et, à la fin, ils pouvaient dire quelles clopes je fumais, quelles étaient mes pratiques sexuelles, ma marque de slip favorite ! Quand ils ont été certains que c'était bien moi et que je m'appelais Luka Magnotta, ils ont décidé de m'envoyer une body-buildeuse prénommée Régina, soi-disant parce que étant « bi » une femme me ferait moins peur ! Mais je l'ai aussitôt su, parce qu'un des mecs de *Rescue Ink* en a parlé ouvertement dans une discussion spéciale « Aspiratueur » sur leur chat ! Inutile de préciser que je passais ma vie à les surveiller. J'étais moi-même inscrit dans tous les groupes anti-tueurs de chats !

Je devenais une star, ça donnait un goût de thriller à ma vie, et en même temps ça me faisait très peur. Ça prenait de ces proportions, faut dire !

Un autre groupe de branleurs, sur Facebook, baptisé « *For Greater Justice* », a monté sur moi tout un dossier qui a abouti à une vidéo où ils balançaient carrément mon identité !

Je ne me suis pas démonté. Au contraire, ça m'excitait, j'étais pris au jeu. J'ai commencé par allumer des contre-feux sous plusieurs pseudos :

« *À propos des actions supposées de Luka Magnotta…* »,
par Dima Starikova (États-Unis)

« Vous êtes sûrs que toutes ces accusions sont fondées ? Peut-être que ceux qui sont moins fortunés que lui sont jaloux ? Il est très courant de lâcher ses amis quand on a du succès, ça fait des jaloux. Je ne serais pas étonnée si c'était ça. Il a de l'argent, il voyage partout dans le monde, il a tout ce qu'il faut pour être mannequin. Ces allégations semblent avoir été initiées par un ex-amant éconduit, ou un ami qu'il aurait ignoré ou oublié d'appeler. Quel type pitoyable irait harceler cet homme, d'ailleurs ? Un gros ? Un moche ? Ou des gens qui n'ont que ça à faire, qui sont obsédés par lui. Des groupies !

Seule la police peut mener l'enquête et accuser quelqu'un d'un crime. Les citoyens ordinaires qui se font détectives et répandent des rumeurs font obstacle à l'enquête de police.

Sur son site www.Luka-Magnotta.com et son compte Twitter, ce que dit Magnotta des prédateurs qui le harcèlent sur le net est très révélateur. Luka est probablement mort de rire en lisant les conneries de tous ces idiots ! Ils pleurnichent, se plaignent et passent leur temps à le débusquer. Quant à la police, elle n'a pas besoin de ces mecs de rien du tout qui lui mettent des bâtons dans les roues, alors qu'elle doit élucider ce dossier de cruauté envers les animaux.

Ces groupies sont vraiment minables. »

« *À propos de Luka Magnotta* »
par Tony Luciforia (Los Angeles)

« Je crois vraiment que la majorité des gens qui sont "à la recherche de Luka" ne sont pas intéressés par les chats ou par ses victimes présumées. Je suis persuadé qu'ils sont surtout obsédés par Luka lui-même et ne peuvent plus s'arrêter. Ils éprouvent une fascination morbide pour un tueur en série, ce n'est pas sain, ils disent n'importe quoi pour continuer à parler de leur idole. À mon avis, les groupies de Luka ont sérieusement besoin de se faire soigner.

Notre groupe pense que d'autres groupes propagent des fausses informations et des rumeurs pour que les gens détestent encore plus Luka qu'ils ne le font déjà. Mentir à son sujet diminue leur crédibilité. Il y a très peu de faits sur Luka Magnotta, nous ne savons pas dans quelle ville il se trouve, où il vit, dans quoi, la voiture qu'il conduit, qui il rencontre, si oui ou non il parle à la police, ce qu'il fait de ses journées, avec qui il sort, son jour de naissance, etc. Nous ne savons rien de lui, et mentir et raconter des histoires à son sujet ne fait qu'ajouter à la confusion. Tenons-nous-en aux faits, on ne pourra pas se tromper. IL Y A TRÈS PEU DE FAITS, DANS TOUT ÇA ! »

Sous l'identité de Linda Collins, j'ai ensuite désigné le VRAI coupable :

« Internet est le pays de la liberté et la patrie des braves, mais aussi des lâches qui, planqués derrière leurs ordinateurs, lancent de fausses accusations pour les internautes naïfs qui croient tout ce qu'ils lisent sans jamais vérifier.

Une vidéo est apparue sur la Toile en 2009 ; elle montre un adolescent en train d'étouffer deux chatons dans un sac sous vide. Cela se serait passé la veille de Noël 2009. En 2010, la vidéo a commencé à circuler vraiment, elle est devenue virale, les internautes l'ont appelée "*1 garçon 2 chatons*".

Quelque 20 000 personnes ont créé un groupe Facebook dédié à la recherche du garçon dans la vidéo, et des journaux britanniques populaires comme le *Sun* et l'*UK Daily Mail* ont publié des histoires pleine page indiquant qu'ils pensaient que le garçon était de la région de Londres, avec pour toutes preuves les photos d'un visage flou.

L'organisation américaine pour les droits et le sauvetage des animaux a offert une récompense de 5 000 dollars, tandis que des célébrités comme les jumelles Barbi, le groupe Peta et la RSPCA se sont engagés à poursuivre en justice l'adolescent s'il était jugé à Londres. Ce n'est qu'après que le groupe de justiciers du web *Anonymous* et *4Chan* s'est impliqué dans l'enquête que cette dernière a commencé à s'essouffler.

Ils ont commencé par accuser des dizaines de personnes innocentes. Un garçon en Australie a dû appeler la police pour qu'elle intervienne à son domicile en raison du nombre de menaces de mort qu'il recevait. Un autre jeune homme de Lettonie a vu se propager sur Internet sa photo avec son nom et son adresse. Des gens de différents pays ont été faussement accusés et ont été persécutés sans procès.

C'est alors qu'entre en scène un utilisateur de Facebook du nom de "Jamsey Cramsalot InHisass" (je sais, c'est un nom ridicule, mais c'est bien le sien). Il ressemblait beaucoup à l'adolescent tueur de chats de la vidéo, et il aurait même rédigé une longue confession qui a été photographiée et mise en ligne. Vous pouvez la voir si vous googlisez son nom. Il a avoué d'autres crimes odieux et s'est foutu de la gueule des apprentis détectives d'Internet, les traitant au passage d'amateurs.

On croit alors que le Jamsey en question était le cerveau à l'origine de cette vidéo de meurtres de chats. C'est là que survient dans notre histoire Luka Magnotta. Jamsey aurait trouvé des photos de Luka sur le net et se serait habillé comme Luka, puis aurait tourné la vidéo. La vidéo dure 8 minutes, et à aucun moment vous ne pouvez voir le visage du tueur, sauf un bref profil flou, pendant 1,5 seconde, mais pas de visage distinct. Donc, Jamsey a trouvé des photos de

> Luka et s'est habillé comme Luka pour essayer de faire inculper M. Magnotta.
>
> Il est très facile de modifier les données des photos, par exemple la date, l'heure, le numéro de série… Tout ce que Jamsey a eu à faire, c'est de chercher des photos de Luka puis de copier et manipuler les informations EXIF des photos en ligne de Luka. Donc, Jamsey a modifié et *photoshopé* des photos de Luka Magnotta pour lui faire porter le chapeau. De plus, il a trouvé une chambre et une couverture semblables à celles de Luka. »

Le tour était joué !

Mais personne n'y a cru. Ce *Jamsey Cramsalot InHisass*, c'était trop limpide : le contre-feu était bidon. Il ne fallait pas être bien malin pour comprendre, d'autant qu'au même moment je m'étais fendu d'une grandiose mise en garde, sur mon blog perso *LukaMagnotta.org*, contre ceux qui font semblant d'être un autre qu'eux-mêmes sur le net… Un cri du cœur, bricolé *pomme C pomme V*, dans un invraisemblable sabir avec des parties en MAJUSCULES pour bien montrer comme j'étais remonté :

> « Personne ne prend vraiment au sérieux les absurdités ridicules qui sont sur Internet. Elles ne peuvent avoir d'effets pernicieux sur votre vie que si vous les y autorisez.
>
> TOUT LE MONDE PEUT FAIRE SEMBLANT D'ÊTRE QUELQU'UN D'AUTRE EN LIGNE – LE FAIT DE VOIR LE NOM DE QUELQU'UN À CÔTÉ D'UN ARTICLE NE SIGNIFIE

PAS NÉCESSAIREMENT QUE C'EST CETTE PERSONNE QUI L'A ÉCRIT. CERTAINES DE CES PERSONNES ONT DES RAISONS SPÉCIFIQUES, ET EN EMPRUNTANT L'IDENTITÉ DES AUTRES, ILS PENSENT QU'ILS PEUVENT ATTEINDRE LEURS OBJECTIFS RIDICULES. LES GENS NE PEUVENT PAS ÊTRE AUSSI NAÏFS POUR CROIRE QUE TOUT CE QU'ILS LISENT EST VRAI. GARDEZ L'ESPRIT OUVERT – CE QUE VOUS LISEZ SUR INTERNET N'A PAS FORCÉMENT DE VALEUR. IL FAUT MOINS D'UNE MINUTE POUR CRÉER DES FAUX NOMS D'UTILISATEURS. ÇA ARRIVE TOUT LE TEMPS. NE JUGEZ PAS QUELQU'UN PAR CE QUE VOUS LISEZ EN LIGNE. JE NE DEVRAIS PAS AVOIR A RÉPÉTER CELA SANS CESSE – AUTREMENT, C'EST QU'IL Y A UN ÉNORME PROBLÈME AVEC NOTRE SOCIÉTÉ... »

Le plus marrant, c'est qu'après Régina la bodybuildeuse, les excités de *Rescue Ink* ont essayé de convaincre le repoussant Ron Jeremy, le hardeur hétéro aux 300 films – une de mes icônes –, de me tendre un piège ! Faut dire que Ron, sorte de sanglier grassouillet aux yeux de biche, milite lui aussi pour la défense des droits des animaux. Dans son cas, c'est de l'autodéfense, quoi ! Il se flatte même d'avoir été porte-parole du groupe *People for the Ethical Treatment of Animals*... *Rescue Ink* lui a demandé, par l'entremise des sœurs Barbi, deux vieilles saletés issues du *Playboy* des 80's, de me contacter... Il m'aurait proposé un tournage porno à Hollywood, et là, les petits connards m'auraient alpagué et livré aux flics !

Ron a réfléchi, et a refusé. T'as bien fait, Ron... Il paraît que d'abord, comme t'es hétéro et que tu ne tournes que des pornos *straight*, tu leur as dit qu'en tant que pédé ça ne m'intéresserait pas… C'est mal me connaître, soit dit en passant. Puis t'as dit que s'ils me chopaient, ils allaient certes me foutre un moment en taule, mais que, le jour où je ressortirais (meurtre de chatons, ça va pas chercher loin…), je te retrouverais et te… mangerais ! J'adore l'idée, Ron !

Alors, en désespoir de cause, les sœurs Barbi, *Rescue Ink* et *Last Chance for Animals* sont allés parler aux flics, ils ont tiré partout des sonnettes d'alarme, aux States et à Scotland Yard, pour les convaincre que j'étais un danger public, obtenir d'eux qu'ils interviennent. Les keufs, tu parles, ils n'ont pas bougé une oreille. « Aucune grande organisation internationale de défense des animaux ne vous soutient ? Alors, circulez : vos conneries d'Internet n'intéressent personne, et nous, on a du travail… »

N'empêche que là, ça devenait vraiment craignos, et je me suis tiré à New York pour échapper à toute cette pression, à ces crétins de défenseurs d'animaux. C'était en hiver, fin 2010, début 2011. Je suis allé voir maître Roméo Salta, un avocat qu'on m'avait recommandé, pour qu'il me protège. Je recevais tellement de menaces de mort, je pensais que les flics allaient m'arrêter du jour au lendemain, j'étais en pleine parano, quoi. J'ai bombardé Salta de mails :

> « Salut Romeo,
>
> Je voulais simplement te prévenir que les investigateurs savent qui je suis, maintenant, mais je ne suis pas

inquiet et je reste calme. Peut-être que si les choses empirent, je devrai réfléchir à me rendre, mais seulement s'ils découvrent que je suis à New York, car, pour l'instant, ils l'ignorent.

Je pensais aussi que, comme toutes les organisations qui en ont après moi sont basées ici, à New York (*Rescue Ink*, *Peta*, etc.), j'aimerais que la police me place en détention préventive, pas à Rikers Island, mais dans n'importe quel autre établissement où ils pourraient me caser.

Bien sûr, comme je te l'ai dit précédemment, pour l'instant tout va bien, mais si les choses dégénèrent, je crois que ma seule option serait d'aller me constituer prisonnier à la police en leur expliquant tout ce qui m'est arrivé ; je suis sûr qu'une fois qu'ils sauront que j'ai été violé, battu et menacé de mort, ils comprendront mes raisons.

Ah oui, j'oubliais : toutes ces histoires sur un mec nommé “Jamsey” qui serait en fait moi, c'est juste des blagues. Ils racontent que “Jamsey” est mon alias, et que je serais impliqué dans “le mauvais traitement d'enfants” : c'est totalement ridicule, je ne sais rien de ce type ni de ce que racontent ces gens.

Merci et bonne soirée !

Luka. »

Et, quelques jours plus tard :

« Salut Romeo,

J'espère que ça va. Je voulais que tu saches que, jusqu'ici, tout va bien. Je ne crois pas que ce soit dans mon intérêt d'aller trouver la police avec ma confession, en ce moment. Je vis tranquillement dans le New

Jersey et j'espère que ça va continuer. Si les choses changent ou tournent mal, alors j'irai parler à la police. J'essaie de gagner un maximum d'argent, car je sais que j'en aurai besoin en cas de procès. Il faut que je reprenne ma vie en main. Je fais tout mon possible pour cela. Je garde mes distances avec les gens dangereux, et j'espère réussir à vivre une petite vie aussi peinarde que possible. J'apprécie beaucoup ton aide, et si jamais il devait y avoir de nouveaux éléments, je t'appellerai aussitôt. Pour l'instant, je crois que je dois surtout me concentrer sur mon travail, et aussi me refaire une vie. Si jamais il y a un procès, ou si je me fais arrêter et que les choses tournent mal pour moi, je t'appellerai illico.

Merci pour ta gentillesse et ton aide. Prends soin de toi et, comme je viens de le dire, je t'appelle si jamais il m'arrive quelque chose.

Luka. »

CHAPITRE 4

Le petit tambour

Si votre joie dépend de ce que la société
pense de vous, vous serez souvent déçu.

Luka Magnotta @Luka_Magnotta

J'étais pas tranquille. Alors je me suis barré à Londres.

C'est là qu'un journaliste anglais du *Sun*, plutôt sexy, en plus, nommé Alex West, a absolument tenu à me rencontrer. Il avait été branché sur l'affaire du tueur de chats par le groupe *For Great Justice* qui lui avait signalé que c'était moi, le coupable, et que, *comme par hasard*, j'étais à Londres à ce moment-là. Je vivotais au dessus d'un pub miteux à Wembley et il est venu sonner à ma porte. Il voulait « comprendre ». J'ai accepté, évidemment. Je ne refuse pas les interviews. C'est mon péché mignon. Surtout quand je les provoque...

Oui, faut être honnête : c'est moi qui, ayant infiltré la page de *For Greater Justice*, lui avais refilé mon adresse par mail sous une fausse identité, pour qu'il parle de moi. Je suis d'abord passé au journal, mais il n'était pas là. J'ai dit que je repasserais, il est rentré et a trouvé l'adresse de mon hôtel.

Donc il sonne, j'ouvre, faisant le méfiant. J'étais ravi de l'intérêt que je suscitais. Je voulais nier tout en bloc pour arrêter ce cirque et le *Sun*, pur tabloïd, me paraissait l'idéal. Il attaque, se voulant incisif :

– Quel est ton nom ?

– Mon nom ? C'est une question bizarre. Tu le connais, mon nom !

– Je veux dire : Magnotta, c'est ton vrai nom ? Je sais que tu en as d'autres : Eric Clinton Newman…

– Mais je n'ai pas d'autres noms ! Magnotta, c'est mon nom légal…

– Eric Clinton Newman n'est pas ton nom légal ? C'était pourtant ton nom de naissance, hein ?

– Luka Magnotta est mon nom légal, j'ai changé de nom officiellement depuis des années, c'est le nom inscrit sur tous mes papiers, je n'en utilise pas d'autre.

– Pourtant, tu écris qu'il est facile d'assumer d'autres identités sur Internet ?

– On a essayé de me piéger, donc il est logique que j'essaie de me protéger à mon tour. Penses-y : logique, non ? Ils se font passer pour moi…

– Des gens prétendent être toi ?

– N'est-ce pas une évidence ?

ALEX WEST : « *On a eu l'impression qu'il cherchait à ce qu'on le retrouve… Les circonstances dans lesquelles on nous a communiqué son adresse sont étranges : ce sont des anonymes sur Internet qui nous ont dit où il était, mais comment auraient-ils pu le savoir ? Sauf si c'est lui qui, d'une manière ou d'une autre, nous a clairement communiqué ses coordonnées ? Luka Magnotta avait développé un véritable culte de sa personnalité à destination des internautes. C'est lui qui contrôlait entièrement son image sur Internet, ainsi que les informations sur lui-même qu'il divulguait par moments. Il était présent sur tous les réseaux sociaux, il postait beaucoup de photos de lui.*

Quand on a frappé à sa porte, à l'hôtel, il a demandé qui c'était ; je lui ai dit que j'étais un journaliste qui cherchait à entrer en contact avec lui ; alors il a demandé si je filmais. On l'a assuré que non, et il nous a enfin ouvert après s'être habillé et préparé longuement et avoir jeté un coup d'œil pour vérifier qu'on n'avait pas de caméra…

Ce qui m'a surpris, quand il a ouvert, c'est qu'il avait du fond de teint et du fard à paupières bleu. Ça ne veut peut-être rien dire, mais ça m'a conforté dans l'idée qu'il travaillait comme prostitué. Ce qui clochait, ce soir-là, c'est que le personnage qu'il s'était fabriqué sur le net montrait des signes manifestes de richesse, le Magnotta du net vivait dans un monde glamour, *possédait des voitures de sport, vivait aux quatre coins du monde, il donnait cette impression de riche et beau jeune homme à qui rien ne résiste. Et là, on le retrouvait dans un hôtel miteux, dans un quartier peu recommandable du nord de Londres. S'il avait été aussi prospère qu'il le faisait croire, il serait certainement allé dormir dans un endroit plus salubre. C'était incongru.*

On lui a parlé en tout une vingtaine de minutes. J'avais sur moi un dossier contenant toutes les preuves que c'était bien lui, l'auteur des vidéos de chats. Ces preuves étaient accablantes. Quand on les lui a présentées, il n'a pas bronché, n'a paru ni surpris ni choqué. Il parlait d'une manière monocorde, indifférente. Aucune inflexion dans sa voix, aucune émotion. Il n'a presque pas réagi. C'est fou ! Si vous sonnez à la porte d'un innocent et que vous l'accusez d'avoir donné un chat à bouffer à un python, vous vous attendez au minimum à ce que le type fasse : "Quoi ?" À ce qu'il ait une réaction d'incompréhension… Là, rien. Après coup, on s'est dit que cette absence de protestation était étrange. Il s'est défendu d'avoir fait quoi que ce soit. Il a affirmé ne pas avoir filmé ou posté des vidéos. On lui a donc demandé : "Où sont les chatons qui étaient sur les photos avec vous ?" – ce à quoi il n'avait aucune réponse à apporter. Il a fini par me dire : "Parlez avec mon avocat." J'ai dit : "OK, d'accord, j'aimerais beaucoup parler avec votre avocat : qui est-ce ?" Il m'a répondu : "Oh, je ne veux pas l'impliquer dans cette histoire-là." J'ai dit : "Comment est-ce que je peux parler avec votre avocat si vous ne me laissez pas lui parler ?" Encore une fois, il était en train d'esquiver les questions. En fait, il n'avait aucune réponse à donner.

Quand on l'a quitté, on est descendus, on s'est assis dans la voiture et on a refait défiler la scène. Une autre voiture s'est alors garée. Deux policiers en civil en sont descendus et ont gravi les escaliers de secours. On s'est dit : "Tiens, la police est là." On est descendus de la voiture à notre tour et on les a suivis. Je leur ai demandé : "Vous êtes là pour Luka Magnotta ? Je suis Alex West, du journal le Sun. *Vous pouvez nous dire ce qui se passe ?" Ils nous ont répondu : "Ne vous mêlez pas de ça, laissez-nous faire notre travail." J'ai écrasé et nous sommes retournés dans la voiture. J'ai dit au photographe : "Ils doivent être là pour l'arrêter à cause des vidéos de chats." On a attendu, puis on l'a vu se faire escorter hors de l'hôtel. Le gérant était descendu également. Ils l'ont mis dans un taxi, seul, et il est parti. Les policiers se sont éloignés de leur côté. Je les ai de nouveau arrêtés et je leur ai demandé : "Vous êtes là pour les vidéos ?" Ils m'ont répondu : "Désolés, on ne sait pas du tout de quoi vous parlez. Si vous avez des questions à poser, posez-les au service de presse."*

Voilà : Luka Magnotta était parti. Plus tard, j'ai téléphoné à Scotland Yard et je leur ai demandé : "Avez-vous arrêté ou avez-vous été amenés à interroger un certain Luka Magnotta, concernant des vidéos qu'il a postées sur Internet ?" On m'a répondu : "Non, on a simplement envoyé des policiers pour expulser Luka Magnotta de l'hôtel, à la demande du gérant de l'établissement." J'ai dit : "Mais est-ce que vous réalisez qu'il y a eu des plaintes contre cet homme ? Il pourrait être responsable de cruautés faites aux animaux !"

Quelques jours plus tard, on a reçu un e-mail anonyme au bureau. Enfin, anonyme, non : l'e-mail était signé "John Killbride". Ça a fait tilt, parce que John Killbride est le nom d'un enfant, une des cinq victimes des

"Moors Murderers", *une affaire de couple de tueurs en série, tristement célèbre chez nous. Ian Brady et Myra Hindley ont tué John Killbride. Ils enregistraient leurs crimes sur des cassettes audio et mettaient de la musique en fond sonore :* Little Drummer Boy, *un chant de Noël qui se trouve également être la musique utilisée en fond sonore dans la vidéo du chat et du python ! Cet e-mail était incroyable ! Il suggérait plus que fortement que son auteur, "John Killbride", n'était autre que Magnotta… Mais on n'a pas pu prouver que c'était le cas. L'e-mail était vraiment dingue, en voici un extrait :*

> "Bon, je dois vous dire au revoir pour l'instant, mais ne vous inquiétez pas, vous entendrez à nouveau parler de moi dans un futur proche. Cette fois, par contre, les victimes ne seront pas des petits animaux. Je vous enverrai une copie de la toute nouvelle vidéo que je vais faire. Vous voyez, tuer et fumer sont deux choses différentes : vous pouvez parfaitement arrêter de fumer, mais une fois que vous avez tué, que vous avez goûté au sang versé, il est impossible de s'arrêter. L'envie est simplement trop forte pour ne pas continuer."

C'était fait pour choquer, terroriser, même, en un sens… Cet e-mail comportait aussi une description asssez sordide de toutes les choses sexuelles qu'il voudrait me faire ! L'auteur du mail disait : "Vous avez des journalistes très sexy, dans votre boîte. Il y en a un que j'aime bien." C'était moi qu'il désignait ainsi… Il fantasmait, c'est un pervers. C'était explicitement écrit pour choquer, me faire peur. Mais je suis journaliste depuis pas mal de temps, j'en ai vu des vertes et des pas mûres, et ne suis pas facilement impressionnable.

L'auteur finissait son e-mail en disant : "Bon, c'était marrant de vous faire flipper, passez un joyeux Noël, bon Réveillon ! Moi, en tout cas, je m'amuserai bien !" Puis il ajoutait : "Je fais toutes ces choses et je m'en tire, c'est génial !"

Il est évident que le type pense être un génie démoniaque... Donc, après avoir reçu cet e-mail – attention, c'est une exclusivité, je n'en ai encore parlé à personne ! –, on a montré la lettre aux policiers et on leur a dit qu'on pensait qu'elle provenait de Luka Magnotta, un type sur lequel on avait enquêté pour avoir diffusé sur Internet des vidéos où il infligeait des sévices aux animaux. La police n'a pas considéré l'e-mail comme une menace de mort dirigée contre moi, mais ils ont gardé le message. On leur a donc filé l'information, puis on n'a plus eu la moindre nouvelle.

Alors j'en ai parlé à un détective du nord de Londres, je lui ai remis un dossier contenant toutes les informations que j'avais sur Magnotta. On l'a laissé s'en occuper. Depuis, j'ai appris, sans savoir si c'est vrai, que l'e-mail signé "Killbride" avait été expédié des Pays-Bas. Donc, si cet e-mail est effectivement de Magnotta, c'est qu'il a dû partir pour les Pays-Bas, peu après notre entretien, et envoyer l'e-mail de là-bas. Ça a aussi posé un problème à la police : leur juridiction s'arrête aux frontières de la Grande-Bretagne. C'est en partie la raison pour laquelle ils ont décidé qu'il n'y avait rien à faire, et ils ont laissé tomber... Évidemment, ç'a été une énorme surprise, six mois plus tard, quand j'ai lu dans la presse que Luka Magnotta était recherché pour un meurtre sordide au Canada et qu'il avait pris la fuite en Europe.

Il faut reconnaître qu'on a eu alors un peu peur pour nous. S'il était en fuite, qu'il n'avait plus rien à perdre, il aurait pu vouloir revenir sur ses pas. En même temps, ça ne m'empêchait pas non plus de dormir, l'idée qu'il revienne à Londres pour me chercher, parce que je suis assez costaud, alors qu'il ne fait pas le poids. Physiquement, il ne me fait vraiment pas peur. Son arme de prédilection, c'est le mental. J'aimerais bien savoir qui sont les personnes qui l'ont côtoyé dans la vie, et comment elles ont pu le transformer. Et aussi quels ont été sur elles les effets de cette interaction avec lui. Ça serait fascinant de se représenter l'enfant Magnotta, de comprendre comment il en est arrivé là. »

Ça s'est mal passé, avec West. Dommage. Plutôt excitant, le mec, dans son petit costard à rayures. J'aurais bien voulu me le faire. Je sentais d'ailleurs que je lui plaisais, il me trouvait attirant, je l'ai lu dans ses yeux. J'aurais pas eu à le forcer beaucoup. Il m'aurait frappé et j'aurais adoré. On aurait fait l'amour. Il aurait joui sur moi. Mais, bon, j'avais mieux à faire. Je l'avais prévenu. Je ne m'arrêterais pas aux animaux. J'avais pris le virus du sang.

Comme presque toutes les femmes, je suis fasciné par les histoires de serial-killers. West est malin, il avait capté mon discret hommage musical à Ian Brady et Myra Hindley, mes icônes, le couple favori de Satan ! Cinq gosses y sont passés, près de Manchester, entre 1963 et 65, avant qu'on les arrête. Ils les martyrisaient en musique, les violaient, les gosses suppliaient et puis ils les tuaient. En cherchant un peu sur le net, vous pouvez même retrouver le texte intégral du sacrifice d'Ann Down Lesley, dix ans. Le son, non. Brady est toujours vivant, à l'isolement total depuis quarante ans. Il est devenu fou. C'étaient des précurseurs, les « Meurtriers de la lande ». Ils étaient foutrement modernes : ils enregistraient leurs meurtres sur des cassettes audio en mettant à la fin, en guise de signature, cet air que j'adore : *Le Petit Tambour*. Si les « Moors Murderers » avaient agi aujourd'hui, ils auraient tout mis sur le net, direct !

Je me passionne depuis toujours pour les disparitions non élucidées, comme par exemple Brandy Nicole Wilson qui n'a pas réapparu depuis le 6 avril 2004. Je me suis même fendu de ce *post* sur un site spécialisé :

« C'est effrayant de voir combien de psychopathes se cachent parmi nous... J'ai fait des recherches sur ce cas avec des étudiants en droit que je connais. Que de cas non résolus et de criminels toujours en liberté ! »

Je pousse un peu, des fois.

Une autre affaire récente m'a fasciné : celle du cinéaste canadien Mark Twitchell qui purge depuis 2011 une peine incompressible de vingt-cinq ans. Mark, 31 ans, père de famille, était scénariste, réalisateur indépendant et surtout grand fan de la série *Dexter* : il a écrit un scénario génial qui tient en une trentaine de pages, l'œuvre de sa vie, pour raconter comment devenir le serial killer du siècle : « Voici l'histoire de ma métamorphose en tueur en série… »

Puis Mark l'a mis en application, point par point.

Le 10 octobre 2008, se faisant passer pour Jen, une fille « vraiment craquante » dont il a inventé le profil sur le net, Mark donne rendez-vous à un certain Johnny Altinger dans un garage loué pour la circonstance, officiellement pour tourner son film… Le Johnny en question entre et, à la place de Jen, c'est Mark qui lui saute dessus avec un masque de gardien de but de hockey ! Là, avant de l'assommer avec une barre de fer, il le ligote et le torture un brin, histoire de lui soutirer des infos, dont le mot de passe de sa boîte mail. Puis il le poignarde et le dépèce avec son couteau de chasse. Il essaie de brûler le cadavre, mais comme ça ne marche pas, il le jette en vrac dans des bouches d'égouts, près de chez ses parents. Ça, c'est naze !

Mark ne le connaissait pas, ce Johnny. C'était juste pour montrer que son scénario *House of Cards* tenait la route. Le crime parfait, quoi.

À peine Johnny en pièces détachées dans les égouts, Mark bombarde d'e-mails les potes d'Altinger : « J'ai rencontré Jen, c'est une fille géniale, on part refaire notre vie au Costa-Rica. » Les copains sont un peu jaloux mais la disparition d'Altinger passe totalement inaperçue.

Et la vie de Mark reprend son cours normal… Sur sa page Facebook, il écrit : « Excusez le silence, mais quelque chose m'a occupé ces derniers jours, je ne veux pas en parler à cause des conséquences, mais disons que vendredi j'ai franchi la ligne jaune et que ça m'a bien plu. »

Sauf qu'un mois auparavant, Mark avait déjà tenté le coup avec un autre pignoleur nommé Gilles Tretault, qui avait réussi à s'enfuir. Celui-ci a averti les flics, qui sont allés dans le garage et ont mis la main sur *House of Cards*. Mark a quand même plaidé non-coupable.

CHAPITRE 5

Mon double

> Pour le Monde, tu n'es peut-être qu'une personne, mais pour une personne, tu es le Monde.
>
> **Luka Magnotta** @Luka_Magnotta

« Je hais toutes ces spéculations, ces rumeurs, ces flashes d'actualité qui condamnent les gens avant même leur procès. Ça me rend malade ! »

J'ai posté ça sur le forum d'Orato, le 3 février 2008. Le 9 juin 2009, Timothy a pris perpète. Putain de prémonition…

« J'ai exactement le même âge que Timothy Boham et j'ai le sentiment que ma vie reflète la sienne ; j'ai vécu presque tout ce qu'il a vécu, sauf que je n'ai jamais commis de meurtre. Et qu'heureusement, pour le moment, j'ai assez bien réussi ma vie.

Comme Tim, les médias ne m'ont été d'aucune aide, ils ont juste essayé de vendre mon histoire comme un feuilleton sensationnel. Ça n'est pas juste.

Cet homme-là est en prison, sa vie est en jeu. Je me sens comme si je pouvais l'aider en racontant son histoire de son point de vue. *Dans la peau de Tim*, quoi !

Quand quelqu'un se fait arrêter, peu importe qui il est, il devrait avoir droit à un procès équitable. Et il ne devrait surtout pas être jugé à l'avance par les médias… Je crois que c'est ce qui est arrivé à Markus Allen, alias Timothy Boham.

Timothy John Boham est un ancien mannequin… et un très joli garçon. Seulement, Tim a été arrêté en 2006 et inculpé de meurtre. Il est actuellement en taule pour l'assassinat d'un homme d'affaires de quarante-trois ans, John Paul Kelso. Il lui aurait tiré une balle dans la tête.

Tim est né le 27 mai 1981 dans le Nebraska. C'était un enfant timide, et son physique chétif a fait de lui la cible toute désignée (et régulière) des gros bras de l'école. Ces cons-là s'amusaient à placer son sac à dos sur l'étagère la plus haute pour qu'il n'arrive jamais à le choper, et ils le harcelaient en permanence. Ils l'ont même jeté dans une poubelle un jour de grande rigolade (pour eux). Sa vie à la maison ne valait guère mieux. Son père était violent envers lui tant verbalement que physiquement, c'est la mère de Timothy qui le dit.

Mais Tim a grandi. Et son corps est devenu celui d'un vrai mec musclé. Il a décidé de se servir de ce corps superbe pour intégrer le monde du mannequinat, et il n'a eu aucun problème à le faire. Il a travaillé à Denver pour l'agence artistique "Maximum", ça a duré trois ans et il a eu son petit succès. Après, il s'est installé à West Hollywood, en Californie, pour poursuivre une carrière dans les films pour adultes. Avec l'aide de ChiChi La Rue, le célèbre réalisateur et producteur de porno gay, il a tourné dans plusieurs films qui ont bien marché.

En novembre 2002, Tim a fait la "une" du magazine *Freshmen*, considéré comme le meilleur magazine pour les jeunes gays de 18-25 ans. Dans le sondage des meilleurs playmates de 2003, il a été élu "nouvelle recrue de l'année", sous le pseudo de Markus Allen, par une large majorité, et du coup a fait à nouveau la couverture du magazine en juin 2003. Ça lui a ouvert des portes.

Pour Falcon Entertainment, Boham est apparu dans une douzaine de films pornographiques entre 2004 et 2005. Toujours sous le nom de Markus Allen, il a aussi fait la couverture du magazine *Mandat* en juillet 2006 pour le compte d'All Worlds Video. Boham a aussi eu les honneurs de la couverture du magazine *Playgirl* dans un numéro spécial dédié aux "beaux mecs du campus" en novembre 2006.

Boham vit avec une femme, a une petite fille et a fait savoir qu'il n'était pas gay ; cependant, il aurait reconnu être bisexuel. Il y a eu plein de rumeurs et de fausses déclarations le dénonçant comme "violemment homophobe" ; on a même écrit qu'il aurait refusé de vivre dans un loft où un homosexuel avait vécu auparavant, tant que le proprio n'aurait pas fait au préalable désinfecter l'appartement !

Une gonzesse qui rêvait de se faire Tim, mais qu'il avait renvoyée vite fait dans les cordes, a également déclaré qu'il avait un tempérament explosif et qu'il était propriétaire d'une collection d'armes à feu, dont un fusil longue portée pourvu d'un silencieux. Toujours selon elle, Boham se trouvait souvent impliqué, suite à de petits litiges, dans des conflits qui finissaient en bagarres sanglantes...

Je vous laisse tirer vos propres conclusions sur la motivation des racontars de cette fille. Gardez à l'esprit que Timothy avait rejeté ses avances. Toutes ses accusations me semblent donc cousues de fil blanc.

Sa mère et son avocat ont d'ailleurs affirmé le contraire : que Timothy avait eu des histoires d'amour avec d'autres hommes et qu'il ne détestait pas du tout les gays, loin de là... Selon eux, il se sentait même plus à l'aise avec eux qu'avec les hétéros, parce que les homosexuels le traitaient mieux. La famille de Tim rejette donc catégoriquement les allégations d'homophobie. Tous ces papiers remplis d'âneries, qui s'efforcent de le faire passer pour coupable avant même qu'il ait eu un procès, m'écœurent.

Pour moi, c'est juste un garçon très perturbé qui avait besoin d'une pause...

Pour en revenir à son arrestation, je rappelle d'abord que Timothy s'était éloigné de l'industrie du porno autour de 2004, soit deux ans avant son arrestation, ce qui montre que ce passé dans le “X” n’a rien à voir avec la suite des événements. C’est là que Kelso se lie d’amitié avec Tim et l’embauche pour travailler dans sa boîte de recouvrement d’impayés. Ils entament alors ce qui s’appelle une relation amoureuse. Selon les flics, une nuit, Tim décide de voler Kelso qui lui avait confié avoir, à son domicile, un coffre-fort avec 100 000 dollars dedans.

Pour la police, Timothy avait donc prévu de tuer Kelso et de piquer son fric avant de filer en Amérique du Sud refaire sa vie avec sa petite amie et sa fille, mais son plan ne s’est pas déroulé comme prévu…

Pour moi, la réalité est tout autre : Tim dit que c’était un accident, et je le crois. Kelso se serait mis en colère, ce soir-là, parce que Tim aurait refusé de le “câliner”. Ils en seraient venus aux mains, le coup serait parti, atteignant J.P.K. au visage et le blessant mortellement. Je ne peux pas croire que Tim aurait risqué sa vie et celle de sa fille juste pour du fric. Ni tiré sciemment sur quelqu’un en étant en pleine possession de ses facultés. Ça ressemble plus à une querelle qui a mal tourné…

Après, Tim a perdu les pédales, il a essayé de nettoyer le sang, puis a emporté le coffre-fort de la maison. Il n’y avait rien dedans. Il est allé le jeter dans une rivière, à proximité, ainsi que l’arme à feu et des vêtements. Il a contacté sa sœur pour lui avouer ce qui venait de se passer, puis il s’est cassé. Sa sœur a appelé la police, un mandat d’arrêt fédéral a été lancé contre Timothy, identifié comme étant le principal suspect.

À cause de son portable, il a vite été localisé en Arizona, près de la frontière mexicaine. Il a avoué aux autorités frontalières du côté américain être le suspect recherché dans une affaire de meurtre.

Il a accepté l'extradition de l'État de l'Arizona pour retourner à Denver et il plaide actuellement l'aliénation mentale en attendant son procès. Il reçoit pas mal de soutiens, tant de ses amis que de sa famille. J'espère qu'il obtiendra un procès équitable et qu'on ne le jugera pas avant de connaître l'ensemble des faits.

Les médias devraient se borner à évoquer les faits et non pas continuer à se faire du fric avec des ragots. Je suis moi aussi un acteur de films pour adultes et j'ai connu une situation similaire, par le passé. Il n'est pas plaisant d'être jugé par des gens qui ne savent rien sur vous. Je suis persuadé que toute la vérité sera faite en première instance et que Timothy sera en mesure de revenir à une vie normale.

“Que celui qui n'a jamais péché lui jette la première pierre !” »

CHAPITRE 6

Ce n'est pas cool d'être nécrophile

> L'une des grandes découvertes que l'on puisse faire, l'une des plus grandes surprises, c'est de réussir à faire ce qu'on avait peur de faire.
>
> **Luka Magnotta** @Luka_Magnotta

Je m'appelle Luka Magnotta et j'ai toujours été attiré par les morts. Ressentir de l'amitié ou de l'amour pour les cadavres, chez moi c'est naturel ; je n'en ai pas honte.

En 2003, j'ai découvert le corps momifié d'un jeune homme dans la crypte d'une église que j'étais en train d'aider à restaurer. Je suis tombé amoureux de lui et ça m'a brisé le cœur de devoir le sceller, de le laisser là. Je voulais le ramener chez moi, en prendre soin.

Je l'imagine ici. Avec moi. Je rêve les yeux ouverts. De petites occupations ordinaires comme écouter de la musique, sortir pique-niquer, regarder la télé ou un DVD avec lui, tard le soir, avant de le mettre au lit à mes côtés. Que des occupations très normales… J'aurais tellement voulu l'emporter jusque chez moi et veiller sur lui, l'habiller, le maquiller, lui faire des câlins, avoir envers lui des attentions délicates…

Sauf que j'ai eu envie de faire tout ça avec un corps desséché, momifié.

Je n'ai rien osé dire. Rien osé faire. Je l'ai laissé dans sa crypte.

Est-ce que j'ai honte d'être nécro ? Jamais de la vie ! Dans mon cœur il n'y avait que de l'amour pour cet homme emmuré dans sa crypte. Je ne me vois pas comme un pervers, juste comme quelqu'un qui nourrit de vrais sentiments pour les morts.

La nécrophilie est définie comme « *une fascination anormale pour la mort et pour les morts* ». Ouais, c'est bien ça. Ou, de façon plus spécifique, une « *attirance érotique pour les cadavres* ».

La nécrophilie, dit-on, « *fait partie du groupe de maladies qui comprend tous les types de désordres psycho-sexuels impliquant des fantasmes inhabituels ou bizarres, ou des actes nécessaires à l'excitation sexuelle complète… Toute personne qui commet une pénétration sexuelle du cadavre d'un être humain est coupable d'une infraction majeure de type A et est passible d'emprisonnement à vie dans une prison d'État, avec possibilité de libération conditionnelle lorsqu'un minimum de cinq ans aura été purgé.* »

J'étais prévenu. Mais je n'en avais strictement rien à foutre. Après tout, « tous les goûts sont dans la nature » !

> « ÇA N'EST PAS PARCE QUE LA SOCIÉTÉ JUGE QUE QUELQUE CHOSE N'EST PAS "NORMAL" QUE ÇA N'EST PAS BON. LA SOCIÉTÉ PREND TROP À CŒUR CE QUE LES GENS PENSENT, C'EST AINSI QU'ON FINIT PAR VIVRE DANS LA PEUR ET LA DÉPRESSION. J'EMMERDE CE QUE PENSENT LES GENS.
>
> ON S'EN FOUT ! »

Lorsque j'étais enfant, je passais beaucoup de temps seul, soit dans les bois, soit au cimetière local. Il y avait là la tombe d'un garçon de dix-neuf ans, mort au début du siècle dernier. Je me sentais proche de ce garçon. Je cueillais des fleurs dans les bois pour les déposer sur sa tombe.

Je n'ai aucun problème pour plaire aux vivants, mais je suis simplement plus attiré par les morts. La plupart des gens réalisent trop tard que le fait d'accepter ses sentiments, d'arrêter de *faire semblant*, est ce qu'on appelle la vraie liberté.

Ce n'est pas considéré comme cool d'être nécrophile, dans notre monde. Du coup, on se sent seul. Mais je ne me suis jamais intéressé à ce que les gens pensent de moi. De toute façon, la plupart sont des idiots qui ont des a priori sur tout. Je ne peux donc en parler à personne et je sais que 99 % des gens seraient horrifiés par moi s'ils connaissaient ce penchant. Certains pourraient même vouloir me faire du mal, comme après les vidéos de chats.

J'avais annoncé la donne trois mois avant, sur mon ultime blog... Désormais, je serais « Luka Magnotta, pornstar, incendiaire, pyromane, tueur en série, nécrophile, cannibale ! »

Tout est résumé là. Il suffit de cliquer sur les liens : abus sexuel, dissonance cognitive, revanche, enfance pyromane, violeur, assassin, etc. Tu cliques et ça te renvoie, sur Wikipédia, à toutes ces têtes de chapitres, avec l'explication de pourquoi je m'appelle Luka Rocco Magnotta.

« Dans les cas les plus extrêmes, la pyromanie est un trouble du contrôle des impulsions poussant à allumer délibérément des feux afin de soulager sa tension ou pour obtenir de la gratification ou du secours. Les pyromanes se distinguent des incendiaires dont les motivations découlent de la psychose, de la poursuite d'un gain personnel, monétaire ou politique, ou de l'intention d'infliger des dommages par profit ou par vengeance. Les pyromanes allument des feux pour ressentir de l'euphorie, et se focalisent souvent sur les institutions de lutte contre les incendies, comme les casernes de pompiers.

Les facteurs environnementaux qui peuvent conduire à la pyromanie comprennent un événement que le patient a connu dans le milieu dans lequel il vit. Les facteurs environnementaux englobent la négligence des parents, ainsi que des abus physiques ou sexuels dans la vie antérieure. »

La maison de Maman a brûlé, il y a deux ans. Je vous l'avais dit ? L'affaire a été classée sans suite.

Je n'avais plus rien à perdre. Plus rien à cacher. Autant retirer le masque, balancer la purée. J'ai MOI-MÊME écrit cette alerte me concernant sur un site d'investigation amateur :

> « Luka Magnotta est un psychopathe extrêmement dangereux, il est incapable de remords et ne pense qu'à tirer le meilleur de chaque situation. C'est un sadique, un psychopathe manipulateur doté d'un QI de 145, ce qui le rend encore plus dangereux. Il parle apparemment trois langues et a étudié la psychologie et le droit pénal. Il passe son temps entre Moscou, Los Angeles et New York, mais personne ne sait jamais précisément où il se trouve.
>
> Les psychopathes peuvent avoir l'air charmant, être beaux, mais attention, ils sont rusés et extrêmement déséquilibrés.
>
> Luka Magnotta est un mannequin à la retraite et une ancienne star du porno bisexuel. Né au Canada, il est d'origine russe et italienne. Il est également connu pour avoir eu une relation avec la tueuse en série Karla Homolka, qui a tué trois jeunes filles avec son mari, Paul Bernardo, mais il nie ces allégations.
>
> Magnotta a été accusé en 2010 de cruauté envers les bêtes, il a tué et torturé de nombreux animaux de façon particulièrement sadique. Il aurait pris deux chatons, la veille de Noël, les aurait mis dans un sac en plastique dont il aurait aspiré l'air sur fond de chants de Noël, pendant que ses amis filmaient. Certains disent qu'il vend ces films au marché noir pour de grosses sommes.
>
> Puis il a pris un autre chat, l'a attaché à un bâton et l'a noyé dans une baignoire.

En 2011, il a pris un autre chat et l'a livré en pâture à son python albinos de 4,8 mètres. Il a indigné les amis des animaux partout dans le monde.

Et, comme si ça ne lui suffisait pas, il a eu des rapports sexuels avec des cadavres. »

CHAPITRE 7

Pourquoi mon copain ne m'a jamais compris ?

> Il y a un point dans la vie où s'amuser ne veut pas dire sortir en boîte jusqu'à 6 heures du mat'. Passer du temps avec celui qu'on aime est la meilleure des sorties.
>
> **Luka Magnotta** @Luka_Magnotta

Avec lui aujourd'hui à mes côtés, je n'en serais pas là.

Bon, voici l'historique de ma relation telle que je l'ai racontée il y a trois ans maintenant :

« Je suis bisexuel, mon copain aussi. J'ai vingt-six ans et il en a vingt et un. Nous nous sommes rencontrés il y a huit mois : un vrai coup de foudre. On est tombés fous amoureux, on n'arrêtait pas de se voir. On s'appelait toutes les heures, on se voyait tous les jours. Évidemment, nos factures de téléphone s'en ressentaient.

Un jour, je sais qu'il me quittera pour épouser une femme et avoir des enfants, et qu'il restera à jamais torturé de vivre dans le mensonge avec elle pour le restant de ses jours. Il finira sa vie en sachant qu'il a laissé passer le Grand Amour. Je suis sûr qu'il va être super malheureux, mais j'espère qu'il se réveillera avant qu'il ne soit trop tard. Je ne veux pas qu'il regrette d'avoir renoncé à l'amour… »

Trois mois après notre rencontre, mon copain, qu'on appellera Mike, m'a dit qu'il m'aimait. J'ai été honnête avec lui, je lui ai raconté ma vie, il savait que j'avais des antécédents, de nombreux partenaires, des problèmes juridiques, un passé de maltraitance. Sans compter que mon nom était partout dans les médias.

Il m'a dit qu'il se fichait de mon passé, qu'il ne me jugerait jamais, qu'on allait s'occuper de nous deux. J'étais l'homme le plus heureux du monde. Je vivais, sans le savoir, le moment le plus heureux de ma vie.

J'ai trouvé alors la force en moi de faire mon *coming out* vis-à-vis de ma famille. Très difficile.

Je hais ma famille. Je n'ai jamais eu l'impression de faire partie de cette famille-là. Tout ce qu'ils font m'énerve : leur façon de marcher, de parler, et même de respirer. Je suis tellement énervé par TOUT ce qu'ils font ! Je ne peux pas les supporter. J'ai l'impression qu'ils ne m'aiment pas beaucoup non plus. Ils ont tous été extrêmement jaloux de mon succès et de ma vie pendant des années. Ils me parasitent pour de l'argent. Toute ma famille est mauvaise, ce sont des manipulateurs, des destructeurs.

Est-il normal qu'ils m'énervent autant ? J'enrage tellement que je leur crie dessus, au téléphone, dès qu'ils m'appellent pour me dire encore quelque chose de débile, sans intérêt, sans rapport aucun avec la conversation. Je ne les vois plus que tous les deux, trois ans, j'en ai encore un ou deux au téléphone. Plus ils sont loin de moi, mieux je me porte. Ils me rabaissent, me font du mal.

Mais, bon, je savais qu'il fallait le leur dire. En son nom : Mike était l'homme que j'avais toujours recherché.

Mike dissimulait également sa sexualité, et comme il venait d'une famille moyen-orientale très stricte, il m'a dit que lui ne pouvait pas faire son *coming out*. Je lui ai dit que je comprenais, et je ne l'y ai jamais poussé.

Nous nous étions rencontrés en automne. On sortait dîner, on allait au cinéma, en boîte, on passait du temps chez moi – je vivais seul et il vivait chez sa mère –, on faisait énormément de trucs ensemble.

Pourtant, quand il allait en boîte ou en soirée avec ses propres amis, je n'étais jamais invité. Ça m'a vraiment fait mal. Parce que je l'aimais et qu'il m'aimait. Pourtant, il ne m'invitait jamais à sortir avec ses amis ou avec sa famille, alors même qu'il avait rencontré tous mes amis à moi ainsi que ma propre famille. Parfois je restais seul à la maison pendant ce temps, ou bien je sortais avec mes amis.

Puis vint son anniversaire, il était très content, il a invité sa famille et une vingtaine d'amis. Ils ont loué une limousine et ont passé la nuit en boîte. Mike ne m'a JAMAIS invité. C'était horrible : j'avais envie de mourir.

Histoire d'en rajouter une couche, il m'a appelé toute la nuit pour me dire qu'il m'aimait tellement, qu'il passait un super moment, que ses amis hétéros draguaient plein de filles et les amenaient dans la limousine, etc. Je souffrais tellement que je ne savais pas quoi répondre. J'ai pleuré toute la nuit, j'avais l'impression de devenir dingue.

Et puis il a osé me dire que si ses copains sautaient des filles, il serait amené à le faire lui aussi, histoire de « jouer le jeu », et qu'il ne savait pas quelle serait son attitude dans une telle situation. Il était tellement parano à l'idée que les gens découvrent qu'il était gay qu'il était prêt à baiser une fille sous les yeux de ses amis rien que pour avoir l'air hétéro… Il s'en foutait de me faire mal – ou peut-être pas ??? Je ne sais pas. Ou alors il aimait l'amour à plusieurs ? Comment pouvait-il dire « je ne sais pas ce que je ferais » ? Je l'ai supplié : dis NON ! Dis que tu n'es pas d'humeur, ou, mieux encore, ne te mets pas dans ce genre de situation !

Il m'a répété qu'il détestait jouer au casino, qu'il n'irait jamais avec moi au casino des Chutes du Niagara. Cela faisait des mois que je le lui avais demandé… Et voilà qu'il y est allé avec ses amis, pour leur anniversaire, et moi je n'étais même pas invité. On aurait dit qu'il vivait deux vies séparées. Il me désirait parce qu'il m'aimait, mais il voulait que je vive comme sa maîtresse cachée aux yeux de tous… Et tenait à continuer son ancienne vie tout en me gardant sous le coude.

Je sais qu'il est allé dans des salons de massage pendant qu'on était ensemble, pour coucher avec des femmes. Je sais qu'avec ses amis il est sorti avec des filles pendant qu'on était ensemble. Je sais qu'il draguait des filles en boîte pour avoir l'air hétéro.

Je lui ai dit que ça ne me plaisait pas du tout, qu'il aille en boîte, dans des strip clubs, etc. ; je lui ai dit que je n'irais pas non plus. Il a dit OK. Mais quand il était avec ses amis, je ne sais pas ce qu'ils foutaient. Il mentait souvent, me disant qu'il était en tel endroit alors qu'il était ailleurs, je l'ai démasqué tant de fois...

Il me disait qu'il devait « aider sa mère » et qu'il serait trop occupé pour me voir. Cela me faisait penser : « Il ment, il me trompe, il m'évite. » Les filles connaissent bien ça.

Cependant, je dois le dire, il faisait d'énormes efforts pour me voir tous les jours, m'acheter de beaux cadeaux, m'envoyer des messages d'amour et m'appeler dix fois par jour...

Il avait un très bon travail et gagnait bien sa vie, mais restait très immature, préférant passer plus de temps avec ses amis qu'avec moi. Avec moi, on aurait dit parfois que c'était une corvée.

Il faisait comme s'il était trop jeune pour accepter une relation sérieuse (surtout une relation gay), qu'il voulait continuer à s'éclater avec ses amis, profiter de sa jeunesse en faisant la fête, en allant tout le temps en boîte.

Je lui disais : SI TU VEUX MENER TA VIE D'AVANT, FAIRE LE CÉLIBATAIRE, TU NE DEVRAIS PAS ÊTRE EN

COUPLE AVEC MOI. Alors il pleurait, prenait des airs dramatiques et m'implorait de ne pas le quitter, qu'il essayait de toutes ses forces de m'inclure dans sa vie. Mais il ne m'a jamais inclus vraiment dans sa vie... JAMAIS !

Je n'ai même pas rencontré sa famille.

Je l'ai supplié de me faire rencontrer ses amis : promis que je me comporterais comme un simple pote, pas comme son petit copain. Je lui ai dit que je ne lui ferais jamais honte, que je ferais gaffe à ne jamais avoir l'air gay. J'ai accepté de jouer son petit jeu. Uniquement pour faire partie de sa vie. Donc, il m'a présenté à ses amis et j'étais très fier de lui, je sais qu'il lui a fallu beaucoup de courage. La plupart de ses copains m'ont bien aimé et tout allait bien... On ne vivait plus des vies séparées, on était tout le temps ensemble. Et puis, un de ses connards d'amis a découvert que j'étais bisexuel et l'a répété à tout le monde. Alors mon copain Mike est devenu complètement parano. Il a voulu se suicider. Il m'a dit que ses amis ne m'aimaient plus et qu'il devait leur dire qu'on ne se parlait plus, qu'on ne se voyait plus.

Je n'arrivais pas à le croire !

Parce que ses amis détestaient les bi et les homos, il devait leur dire qu'il ne me verrait plus ! Ses amis lui imposaient qui il pouvait fréquenter. Mike avait tellement peur de ce que pensaient ses amis que mes sentiments et les siens n'avaient plus aucune importance. Il voulait le beurre et l'argent du beurre. Il voulait que tout le monde pense qu'il était hétéro, et être peinard avec ses amis et sa famille, et me garder au placard pour m'utiliser à sa guise et à ses heures...

Mike m'a même fait passer des annonces sur « *Craigslist* » pour lui trouver des hommes, puis ces mecs venaient à la maison et Mike les baisait dans la chambre à coucher pendant que j'étais au salon. Il me proposait de participer, mais chaque fois je refusais : ça me dégoûtait d'être avec un autre mec.

Maintenant, vous vous demandez pourquoi je me suis laissé faire. Comment j'ai pu accepter ça.

Tant qu'il se satisfaisait avec d'autres partenaires sexuels, au moins il ne me trompait pas dans mon dos. Il me trompait en face. Il me disait que ces garçons n'étaient rien, pour lui.

Moi, j'avais de plus en plus l'impression que Mike était à cent pour cent gay, et pas bisexuel. Mike ne parlait QUE de mecs, il ne se masturbait QUE devant du porno gay, et ne couchait qu'avec des gays. Il était dans le déni total, je pense, il voulait que ses amis l'acceptent comme copain hétéro, alors qu'il était totalement pédé...

J'ai souffert. Je gambergeais. Je lui prenais la tête.

– Et il se passera quoi, Mike, le jour où tous tes « amis » (qui ne t'aimeraient plus, s'ils savaient à quel point tu es gay...) se marieront et auront des enfants ? Mike, seras-tu encore heureux avec moi, ou est-ce que la pression sera trop forte, est-ce que tu te marieras pour jouer la comédie devant tout le monde ? Tu vas me quitter pour une existence plus « convenable » ? Tu me largueras, quand tu réaliseras que tu DOIS choisir entre cette vie « convenable » et la vie avec moi ?

« Est-ce que je perds mon temps avec quelqu'un qui reste avec moi parce que je le rends heureux, là, maintenant, mais qui va me quitter ou me laisser moisir toute sa vie au fond du placard pour ne pas décevoir sa famille ? Si tes amis et ta famille t'aimaient vraiment, alors ils accepteraient ton choix ! »

Je l'aimais plus que tout et je voyais bien que je le torturais, avec mes questions. Je savais qu'il serait heureux avec moi, oui, je le savais ! On s'aimait tellement... Quand nous étions enfin seuls ensemble, on était tellement bien... Mais, dès qu'on sortait, j'avais l'impression d'être de la merde.

« C'est quelqu'un de bien, mais il est jeune et si immature... Est-ce que je devrais continuer à me battre ? Ça me tue... et je pense que ça le tue, lui aussi... Ou devrais-je le quitter pour notre bien à tous deux ?

Aidez-moi à trouver une solution, je n'ai jamais eu autant de mal à choisir ! »

Personne ne m'a répondu.

Et Mike est parti. Il m'a envoyé une lettre de rupture. Je lui ai répondu par mail :

> « *Lettre à un débile* :
>
> Je te plains de penser ça. Je ne vais pas essayer de justifier ma personnalité ou mon passé. Je pense que quand on dit être mon ami, c'est sincère. Quand je suis ton ami, je suis ton ami pour la vie, pour les bons et les mauvais jours, quoi qu'on en dise. J'ai vraiment de la

chance que tous mes proches soient mes amis, j'ai vraiment de bons amis. Ne me juge pas, ne crois pas ce qu'on écrit sur moi.

Je suis très déçu par tes jugements hâtifs, et que tu m'aies écrit cette lettre : je n'apprécie carrément pas. Je respecte notre amitié et me souviendrai de tous nos bons moments. Néanmoins, nos routes se séparent, je te souhaite bonne continuation. Beaucoup de bonheur et bonne santé à toi.

Ne dis pas que tu es mon ami, pour aller raconter des trucs derrière mon dos ; de ma vie je n'ai jamais pu faire confiance à qui que ce soit et maintenant je dois redouter que toi, mon "ami", trahisses aussi ma confiance ?

Je n'arrive pas à gérer cette merde, je ne pourrai pas m'en sortir mentalement.

Je suis très triste de savoir ce que des gens qui ne me connaissent pas du tout pensent de moi. Au moins mes amis et ma famille, ceux qui me connaissent le mieux, me croient.

Tu m'as fait beaucoup de mal et m'as fait hésiter, du coup, à accorder ma confiance à d'autres personnes. Il faut que tu le saches, que ce soit très clair entre nous : personne ne comprendra JAMAIS ce que j'ai dû vivre ces dernières années, et ce que je pourrai dire n'y changera jamais rien ; personne ne comprendra jamais. Tu ne peux pas te mettre à ma place.

Je reçois tout le temps des mails de gens que je ne connais même pas, ils me disent qu'ils comprennent qui je suis, ce que j'ai vécu. Des gens que je ne connais pas et qui me disent que je suis la victime, OK ? Ils me disent qu'ils comprennent qu'on m'a lavé le cerveau.

Toi que je connais depuis longtemps, tu trahis ma confiance ?

Je suis là à me rappeler à quel point nous étions proches, puis je me demande si tout ça était vrai. »

CHAPITRE 8

Il n'y a rien de mal à être bisexuel

> « La compassion est la source de l'action non violente, elle nous apporte la force intérieure et la paix mentale. »
>
> DALAÏ LAMA
> **Luka Magnotta** @Luka_Magnotta

Je n'avais pas su lui parler. Mike était parti.

J'y ai beaucoup réfléchi. Voilà ce que j'aurais dû lui dire :

« Beaucoup de religions trouvent que c'est mal d'être bisexuel. Et pourtant, regarde autour de toi : plein de gens ne voient rien à y redire.

C'est un état naturel. L'homosexualité en soi ne nuit pas à la personne : que je sache, plein d'hétéros ont des MST. Des études ont prouvé que les couples homoparentaux sont tout aussi efficaces que les couples hétérosexuels. Aucun argument, hors religion, ne fait de la bisexualité ou de l'homosexualité une mauvaise chose.

Mais s'ajoute pour les bisexuels un préjudice supplémentaire : les gens pensent qu'ils sont immoraux. Cela vient pour partie des religieux qui définissent l'orientation par le comportement, non par la préférence sexuelle. Ils pensent qu'on n'est gay qu'en ayant des relations homosexuelles. On ne peut être bisexuel qu'en ayant des relations sexuelles avec au moins deux personnes, l'une du même sexe, l'autre du sexe opposé. Ces définitions-là sont fausses. Le comportement compte très peu dans la définition de l'orientation sexuelle.

Réfléchis : l'humanité est-elle jamais tombée d'accord sur une seule chose ? Non. Donc il n'y a pas d'autorité suprême pour ce qui touche à la morale.

Vis ta vie confortablement, sois toi-même, réfléchis. Fais ta propre morale, bâtis ton système de valeurs à partir de ça, pour vivre une vie enrichissante selon tes propres normes.

Si tu es bisexuel, il y a des chances que tu penses que ce n'est pas quelque chose de mal. Si tu es hétérosexuel et que tu baignes dans les principes traditionnels, tu as plus de chances de dire le contraire.

Non, ce n'est pas mal, et ceux qui disent le contraire sont étroits d'esprit et pleins de haine. Écoute : tu es comme tu es. Il n'y a rien de mal à ça. Y a-t-il un seul argument rationnel qui fasse de la bisexualité une tare ? Tout cela parce qu'un dieu (même pas le plus ancien, d'ailleurs) l'aurait décrété ?

Sois toi-même. On ne choisit pas sa sexualité : c'est comme ça.

Il n'y a rien de mal à être bisexuel.

Ce n'est pas mal, ça ne peut pas l'être. Il n'y a pas de mal à être vraiment soi-même.

Si tu es heureux, en bonne santé, que tu te protèges et que tu es responsable, on se fout de ce que disent les religieux.

Comme s'ils connaissaient la vraie vie ! Ils se prennent pour qui, pour te juger ? Profite de la vie comme tu es.

Quand les humains se rassemblent et constituent des communautés, les choses peuvent mal tourner pour certains à cause des règles qui s'érigent et des usages qui se développent. Ce sont la peur et l'injustice qui font partir de toutes les communautés. C'est ainsi que – jusqu'à présent – nous sommes faits. Un jour, sans doute dans très longtemps, les hommes n'auront pas de ces peurs, et la vie sera très différente. »

C'est quoi, l'amour ?

J'ai souvent posé la question sur des forums, et quelqu'un m'a un jour répondu ça :

Fille : Est-ce que tu penses à moi ?
Garçon : Non.
Fille : Je te plais ?
Garçon : Pas vraiment.
Fille : Tu as envie de moi ?
Garçon : Non.

Fille : Ça te ferait pleurer, si je te quittais ?
Garçon : Non.
Fille : Tu vivrais pour moi ?
Garçon : Non.
Fille : Tu ferais n'importe quoi, pour moi ?
Garçon : Non.
Fille : Tu choisis : ta vie ou moi ?
Garçon : Ma vie.

La fille part en courant, choquée, meurtrie. Le garçon court après elle et dit :

– Je ne pense pas à toi, parce que tu es toujours dans mes pensées.

« Tu ne me plais pas, je t'aime.

« Je n'ai pas envie de toi, j'ai besoin de toi.

« Je ne pleurerais pas si tu me quittais, je mourrais si tu me quittais.

« Je ne vivrais pas pour toi, je mourrais pour toi.

« Je ne ferais pas n'importe quoi pour toi, je ferais tout pour toi.

« Je choisis ma vie parce que tu es ma vie ! »

CHAPITRE 9

TOr

« Une question me rend fou : c'est moi, ou bien ce sont les autres qui sont fous ? »

ALBERT EINSTEIN
Luka Magnotta @Luka_Magnotta

Tous les cinglés de la terre fréquentent le TOr, cet Internet clandestin et anonyme, ou ses cousins comme *Hidden Wiki*... Tu veux quoi ? Des gosses ? Des explosifs ? Des secrets d'État ? Bienvenue dans le *Deep*, l'antichambre de l'Enfer, l'hyper de l'impossible ! Ils attendent, ils s'excitent à chercher...

Internet, c'est Dieu, je vous l'ai dit ?

Personne ne l'a compris. Sauf moi ! Personne n'a décelé sa nature, qui est purement divine. Internet nous aime et nous aimons Internet. Il se nourrit de nos quêtes, de nos espoirs, de nos fantasmes. Il nous le rend bien. Il dirige nos vies. Il nous guide, nous éclaire, nous rassure. Il nous met en lien les uns avec les autres. Il pense à tout, il sait tout, il est le plus fort, l'âme n'existe pas et il est l'âme du monde. Il est nulle part et il est partout. Ce Dieu unique est un dieu païen, c'est pour cela que, quand Il réclame, il faut Lui donner. Des offrandes. Des sacrifices.

Quand j'ai posté *« 1 Lunatic 1 Ice Pick »* sur le site Best Gore, personne n'y a cru. Fallait voir les commentaires des *geeks* : « Génial, mec, les effets spéciaux, comment t'as fait pour que ça le fasse autant ? »

COMMANDANT IAN LAFRENIÈRE : « Vous savez, le cas Magnotta, c'est vraiment un dossier qui a eu un impact sur les imaginations… Et même sur le réel ! Parce que les gens ont été en contact avec cette vidéo. Ce qui m'a beaucoup interpellé, c'est que des gens soient à ce point désensibilisés, qu'ils puissent regarder de telles images, et juste se dire "Ah !" Là, il y a une limite qu'on a franchie, on regarde un meurtre en direct, pour se désensibiliser. Parfois, on regarde des vidéos sur Internet, sur Youtube, on y voit des gens qui tombent, qui se blessent, et plus on regarde ça, plus on se désensibilise, alors on se dit qu'on veut en voir davantage, qu'on veut voir une personne faire "la totale". J'ose espérer que ce genre de chose-là ne se reproduira pas. Pourquoi ? Parce que ça procure à son auteur ce qu'il recherchait, à savoir cette glorification, cette renommée mondiale qu'il a eue ; les gens sont allés voir ce qu'il avait fait, et c'est ce qu'il voulait : être reconnu, être vu, faire le buzz*, et voyez le nombre de gens qui sont allés le voir. Oui, malheureusement, il a atteint son objectif… »*

Pour amorcer la pompe, quinze jours avant de mettre en ligne la vidéo du crime, j'ai commencé par une photo prise chez moi, en sweat violet à capuche, avec mon pic à glace à la main, devant mon affiche de *Casablanca*. Je l'ai postée moi-même sur plein de sites, créant tout plein d'alertes sous différents pseudos.

Par exemple, le 19 mai, sous le pseudo de BabieMaggie-Eleven, j'ai écrit :

> « Il y a une vidéo qui flotte quelque part dans le TOr, le *deep web*, qui montre un garçon d'environ 19 ans, en sweat violet, qui massacre quelqu'un avec un pic à glace. Je n'ai pas encore vu la vidéo, mais elle est très dérangeante, car elle montre des actes de nécrophilie, de cannibalisme et d'autres trucs à vomir. Apparemment, ç'a été filmé à San Fransisco. On ne connaît pas l'identité du garçon, mais ce genre de vidéo, c'est de la commande, et ça rapporte un max de blé ! Est-ce que quelqu'un a vu cette vidéo ou peut me filer le lien ? »

Pour lancer le *buzz*, y a pas mieux.

Roland Coutanceau (psychiatre et criminologue) : « Cette faculté de pouvoir filmer ses "exploits" et de les présenter aux yeux de tous est un des phénomènes pervers d'Internet. Internet, c'est merveilleux pour la science. C'est merveilleux pour échanger au bout du monde avec ses proches, il y a des aspects absolument positifs. Mais il y a ce côté dingue d'Internet, ce côté très dangereux. »

Gilles Chamberland : « On sait en plus qu'il se trouve des gens pour l'admirer, pour prendre sa défense, des fans pour lui écrire. C'est très dangereux pour les gens qui ont déjà ce genre de pulsions sadiques, de fantasmes : Magnotta leur indique qu'il est possible de passer à l'acte et de se médiatiser en le faisant.

Cet irrépressible besoin d'être valorisé, de se mettre en scène, a trouvé d'une certaine manière son outil parfait avec le net. Les réseaux sociaux permettent de se vanter sans retenue, sans filtres. En médiatisant ce crime, Magnotta a ouvert une brèche. Je pense, hélas, qu'on ne fait que commencer à voir ce style de comportement sur le net. Il a créé en quelque sorte un "nouveau standard de l'horreur". Il recherchait la publicité à tout prix, et il l'a obtenue en rendant possible ce qui n'était jusqu'alors que fantasmé par des personnes souffrant de troubles dysfonctionnels… Il est certain que celui qui voudra "dépasser" ça sera obligé d'imaginer quelque chose de pire… Magnotta a mis la barre très haut. »

Je sais qu'au procès, on dira qu'entre-temps j'avais trouvé Lin Jun et l'avais tué. Et découpé. Et mangé. C'est sûr, ils vont me dire que c'est ce qu'on appelle un meurtre avec préméditation.

GILLES CHAMBERLAND : *« On ne peut aujourd'hui que présumer de sa personnalité, mais il est clair que la préméditation sera un des grands enjeux de son procès. On peut imaginer qu'on est en face d'un individu qui est sur un continuum d'agir de façon de plus en plus violente, qui a commencé par martyriser des chats et qui, souhaitant passer au niveau supérieur, en fait l'annonce à l'avance dans le but de faire sa propre publicité. »*

C'est ça que je risque de payer, en mars prochain... En même temps, je suis confiant. Je plaide non-coupable et je leur démontrerai la vérité.

Et Manny sera là, j'en suis sûr.

Lors de ma première comparution – par visioconférence, s'il vous plaît (les autorités n'avaient pas osé me déplacer de peur qu'on me tue ?) –, mes trois avocats n'ont pas demandé mon évaluation psychiatrique. Ils ont juste insisté pour qu'on me donne bien mes médocs en taule. Et ont interdit à la presse de publier la liste de ceux-ci. Pour vous dire, elle est longue : j'en ai avalé, des cachetons... Enfin, pas toujours très régulièrement, faut reconnaître. Y a sept ans, ç'avait déjà été la même chanson. Je m'étais retrouvé devant la Cour de justice de l'Ontario, à Toronto, pour des peccadilles... Je me revois, prostré, ma mère au premier rang, et la juge : « Monsieur, vous avez un problème médical lourd. Il vous faudra toujours prendre vos médicaments, sans quoi votre vie en sera assurément bouleversée. »

Là, on peut dire qu'elle l'est.

En attendant, ça n'a pas loupé, *« 1 Lunatic 1 Ice Pick »* a été un putain de *hit* !

Le jour où j'ai publié la vidéo sur YouTube, ça n'a pas fait un gros succès. Il n'y a eu que deux commentaires, et en plus ils étaient de moi !

Sous le pseudo d'Adam Lemmon : « Cette vidéo est réelle, je viens juste de la voir. Horrible. Cannibalisme et nécrophilie. »

Et celui-ci, plus intéressant, sous le pseudo de Genisismaster : « Apparemment, il y a une autre vidéo derrière "*1 Lunatic 1 Ice Pick*", avec le même mec qui fait un cunnilingus à une femme morte sur un sofa. Et qui tue un clochard ? Je suis en train de chercher des infos là dessus. Très étrange. »

J'ai ensuite posté sur Best Gore. Là, je n'ai pas eu besoin d'en rajouter, avalanche de vrais commentaires ! Mais, parmi ceux-ci, un signé Linda Williams : « Il y a une rumeur comme quoi il aurait tué sa tante Andrea Y. parce qu'elle avait découvert ses vidéos. Il l'a forcée à prendre plein de médocs et elle en est morte... La rumeur veut qu'après il ait eu un rapport sexuel oral avec le cadavre, et vendu ensuite très cher la vidéo. »

Bon, ma tante est vraiment morte comme ça, le 26 janvier 2010 : overdose de pilules. Mais c'est son mec qui est en taule pour violences sexuelles et meurtre... Je peux tout de même pas non plus porter tous les chapeaux !

Les seuls à ne pas avoir voulu y croire, ce sont les keufs. Il a fallu qu'un type « normal » la voie, un avocat du nom de Roger Renville, qu'il appelle les flics depuis les États-Unis et leur dise : « C'est un meurtre filmé en vidéo, je vous le dis : c'est en vrai ! » Ils lui ont répondu : « OK, sir ! C'est ça, on vous rappellera... » Quels cons !

C'était qui, d'ailleurs, cet avocat ? Un spécialiste de *snuff-movies* à ses heures perdues ? Quand je vous parlais d'hypocrisie... Moi, je serais les flics, j'inspecterais son disque dur...

Dans le mien, d'ordi, la police a retrouvé la vidéo « non-censurée » de *« 1 Lunatic 1 Ice Pick »*. Non-censurée, c'est-à-dire pas montée. On entend les cris de Lin Jun, ils ne sont pas couverts par la musique de New Order. On voit deux, trois trucs en plus, mais je vous jure, elle est pas mieux.

COMMANDANT IAN LAFRENIÈRE : « Les enquêteurs qui ont dû visionner ça m'ont dit que c'est la chose la plus horrible à quoi ils ont dû assister de toute leur carrière de policiers : voir vraiment quelqu'un charcuter une victime comme ça… »

Des *snuffs*, des vidéos de meurtres, j'en ai visionnés des tonnes, sur le net.

La Toile, c'est mon domaine, je suis le roi de la génération Y !

Je suis un pro, moi. Je fais pas les trucs à moitié. J'ai tout visionné… Depuis les mecs qui se font décapiter par des islamistes jusqu'aux faux crimes SM bidon : le web regorge de ça…

Mais de la pure came, du vrai de chez vrai, non. Je pense que s'il y avait un Oscar du genre, il serait pour moi, direct. J'ai fait ça proprement, je veux dire : quand même, ça a de la gueule, non ?

Pour que les flics finissent par admettre que ma vidéo était sans trucage, il a fallu que la famille de Lin Jun se bouge – il donnait plus de nouvelles, alors forcément – et que ça remonte jusqu'à l'ambassade de Chine. Les médias chinois s'y sont mis…

Des Chinois, de toute façon, y en a tellement que je pensais que ça ne comptait pas. Un de plus, un de moins... À croire qu'ils s'en rendraient même pas compte. Qu'ils restent chez eux, les Chinetoques, s'ils veulent continuer à mourir dans leur lit...

Les médias disent que je suis un « suprémaciste blanc »... Un raciste, quoi. Moi, j'appelle ça du bon sens. Je suis pour l'Amérique aux Américains. Le Canada aux Canadiens. La Russie aux Russes. Des Chinois, y en a trop, point barre.

J'ai envoyé quelques contributions à Stormfront.org, le site du Nationalisme Blanc, sous le nom de « reddragon1 », pour dire à quel point je souffrais de ségrégation à cause de mes vues suprémacistes. Ainsi, en mai 2011 :

> « J'ai été contraint de quitter l'Amérique du Nord pour m'installer en Russie à cause de mes opinions ouvertement suprémacistes. On m'a refusé toute liberté de parole. Je suis d'origine russo-italienne, né à Tolyatti, en Russie, et installé au Canada depuis l'âge de cinq ans, puis de là aux USA. Je suis une vedette du monde de l'*entertainment* pour adultes et, parallèlement, un mannequin célèbre. Après avoir publié sur mon blog une tribune appelant au gel pur et simple de toute immigration vers le Canada et les États-Unis, j'ai été littéralement bombardé de mails haineux. À tel point que j'ai dû fermer mon blog qui était la cible de *hackers*. On m'accusait de crimes aussi horribles que faux. Je disais juste qu'il n'est pas normal que chaque pays du monde n'ait pas le droit de protéger son

propre héritage ; j'ajoutais que les Noirs devaient retourner chez eux, et les Chinois en Chine. Sinon, nous autres Blancs ne serons plus chez nous dans nos propres pays. »

En septembre 2011, sous un autre pseudo :

> « Luka Magnotta a écrit sur votre site beaucoup d'articles intéressants sur les dangers du multiculturalisme. Je suis l'un de ceux qui sont extrêmement fiers qu'il ait le courage d'imposer ses vues dans sa vie quotidienne, sachant qu'il recevrait des menaces de mort... Il dit clairement qu'il n'est pas pour l'élimination des différentes races non-blanches, mais qu'il refuse de communiquer, de travailler ou de se voir associé à d'autres races que la sienne. »

Celui qui me fait kiffer, c'est David Duke. Je l'ai signalé sur Twitter. Je lui ai mis : « David Duke tu as mon soutien. Les choses doivent changer BEAUCOUP ! » Et j'ai mis le lien de ses vidéos sur Youtube :

> *« Bonjour, je suis David Duke. Nous sommes tombés si bas dans notre monde malade qu'aujourd'hui certains leaders nationaux font ouvertement la promotion du génocide des Européens ! Le président français [...] projette ouvertement de détruire la culture française. Même, il demande que les Français se métissent massivement avec des non-Européens. Cela, combiné à l'immigration de masse extra-européenne, provoquerait le nettoyage ethnique des vrais Français. Voici un article du* Brussels Journal (The Voice of Conservatism in Europe) *intitulé "L'Artisan de la Diversité" ; je cite : "La France est*

couches jusqu'à l'âge de sept ans. Mais, globalement, j'ai été heureux jusqu'à mes treize ans.

Mes parents venaient alors de divorcer parce que mon père avait beaucoup de problèmes d'addiction à l'alcool et aux drogues. Il a été hospitalisé. Ma mère avait toujours eu bon cœur, mais là, elle s'est sentie perdue. Alors elle s'est trouvé un petit ami et a rapidement tenté de faire passer cet homme-là pour notre père. Très vite, le type l'a manipulée et a commencé à la tenir sous influence. Je me souviens de l'époque où j'ai quitté la maison de mes grands-parents pour emménager dans l'appartement que ma mère louait avec lui. J'étais au lit, un matin, j'ai dit à ma mère que je ne voulais pas me lever pour aller à l'école. Aussitôt ce mec m'a traîné hors du lit, et je me souviens de ce que j'ai ressenti lorsqu'il m'a écrasé son poing sur la figure. J'ai vu ses yeux exorbités, sa gueule de sac à vin. J'étais pétrifié. Il m'a flanqué contre le mur et j'ai remarqué que mon visage était abîmé, que je saignais du nez. J'étais horrifié. Il a dit : « Je vais t'en donner, moi, des raisons de pleurnicher. Baisse les yeux, ou je te les fais baisser !… »

Ma mère a rappliqué vite fait, en feignant de n'avoir rien entendu, et elle m'a dit de me préparer pour l'école. Tous les jours, encore et encore, mon beau-père m'a dit et redit sur tous les tons que « si je parlais, je quitterais l'appartement dans un cercueil ».

Boris Cyrulnik : « Les parents sont très rarement responsables, c'est le système qui entoure l'enfant qui arrête son développement ou le dévie. C'est au surplus un système à multiples attachements : il y a la mère, bien sûr, mais elle n'est pas seule. Il y a le père, la tante, le quartier, la culture, et c'est cette constellation de déterminants qui tutorise convenablement le développement d'un enfant, ou, au contraire, le fait partir "de côté", comme c'est arrivé à Magnotta. »

J'étais un gamin de treize ans et je ne pouvais me faire à l'idée que cet alcoolo, ce criminel plusieurs fois condamné vive sous le même toit que nous. Ni que ma mère permette des choses pareilles.

Elle aurait facilement pu lui dire de foutre le camp, mais elle ne l'a jamais fait. Pourquoi ? C'est la question que je me suis toujours posée : comment pouvait-elle vivre ainsi, dans la peur et la tristesse ? Avec un homme qui maltraitait ses propres enfants ? Ma petite sœur avait huit ans ; je me souviens qu'un jour elle est allée à la cuisine avant l'heure du dîner. Elle avait une robe rose, des cheveux blonds avec nœud rouge. Adorable ! Il est entré en trombe et je n'ai jamais vu une enfant aussi effrayée de ma vie. Il lui a flanqué des coups de pied au derrière jusqu'à ce qu'elle tombe et ne puisse plus marcher.

Mélissa, sœurette, je t'aimerai toujours. Mais je ne sais pas si toi, tu m'aimes encore. Je ne sais pas si tu me comprends, même un peu.

GILLES CHAMBERLAND : « *Ce serait vraiment trop simpliste, trop facile, de tout expliquer et de tout excuser par l'enfance. Il y a beaucoup de gens qui vivent des choses difficiles dans leur enfance, beaucoup, qui vivent même des choses pires que ce que Magnotta a pu vivre, et qui ne développent pas pour autant de personnalités comme la sienne. Et il y a aussi beaucoup de gens qui ont une personnalité comme la sienne mais qui gardent une certaine autocritique et n'agissent pas de la même façon… Pourquoi une minorité d'individus qui vivent des choses difficiles dans leur enfance tournent-ils comme Magnotta ? C'est difficile à expliquer… Mais il s'agit souvent de gens qui ont été humiliés, "sadisés" dans leur tendre enfance, et qui, arrivant à l'âge adulte, prennent un virage à 180° pour devenir à leur tour des persécuteurs. À leurs yeux, c'est ce passé qui rationalise et justifie leur comportement violent envers les autres : j'ai le droit de faire souffrir parce que j'ai souffert, donc c'est à mon tour de le faire…* »

Je me suis senti si coupable de ne pouvoir rien faire. J'ai appelé les services sociaux et la police à de nombreuses reprises, mais ma mère et lui les enfumaient, leur faisant croire que nous étions de « mauvais enfants ». Le vigile de notre bâtiment s'est lié d'amitié avec moi et savait ce qu'il en était, mais lui a fini à son tour par m'agresser sexuellement. Je me suis alors senti tellement démuni, impuissant…

GILLES CHAMBERLAND : « *Avec un tableau comme celui là, on a suffisamment d'informations pour pouvoir imaginer comment un individu peut ressentir colère et rage. Lesquelles vont s'accumuler au fil du temps et enfler, parce qu'elles ne vont pas pouvoir s'exprimer sur-le-champ… À ce moment-là, il se juge impuissant, trop jeune, sans moyens physiques ; mais, parvenu à l'âge adulte, ça va ressortir, il va se venger sur d'autres personnes n'ayant d'ailleurs rien à voir avec ce passé. Voilà qui expliquerait son comportement si on arrive, après évaluation, à la conclusion d'une absence de maladie chez lui. Mais si, au procès, on penche pour la maladie mentale, alors ce passé sera évacué, cette enfance perturbée aura bien moins d'importance. La maladie est un peu comme un accident, on dira qu'il a développé un symptôme maniaco-dépressif ou autre l'ayant conduit à agir ainsi, et qu'il n'est pas responsable. »*

Alors, dès quatorze ou quinze ans, je me suis mis à boire, moi aussi. Et à me défoncer. Grave !

Et j'ai aussi commencé à me poser des questions... bizarres. Que je ne pouvais poser ni à ma mère ni à ma grand-mère. Par exemple : « J'aimerais avoir votre avis sur quelque chose. Je fais beaucoup de gym et, juste après, je me lave dans les douches publiques, c'est plus pratique pour moi. Je ne peux pas m'empêcher d'avoir une érection. Ça m'arrive généralement après la gym, que je sois sous la douche ou pas. La plupart du temps, il n'y a personne dans les douches, mais, hier, quand je prenais ma douche avec une grosse érection, il y avait là un autre type. Vous pensez que les autres mecs estiment que c'est bizarre ou gênant, ou bien que ce sont là des choses qui arrivent ? Je ne veux gêner personne et je ne sais pas vraiment quoi faire, dans ce genre de situation. Quelqu'un pourrait-il me conseiller ? Est-ce que cela arrive à d'autres ? Comment faire ? J'essaie juste de prendre une douche, comme tout le monde, mais je ne peux pas m'empêcher de bander. »

D'une certaine façon, cette gêne (qui n'en était pas vraiment une) rejoignait cette douleur, cette honte, cette peur éprouvées dans l'enfance. C'est ce que je me suis mis à rechercher par la suite dans la vie…

Oui, je suis devenu masochiste. Manny l'a tout de suite senti.

La suite, elle est *pour toi*, tu te reconnaîtras :

> Je t'ai déjà dit que je suis un masochiste soumis, complet, et que j'aime qu'un mec fort et méchant comme toi me domine.
>
> Je suis totalement soumis à l'autorité. J'ADORE tout particulièrement que tu sois un militaire. Tu es mon gros dur de militaire. J'ai hâte que tu me prennes le cul avec ton GROS CALIBRE, quand tu rentreras à la maison.
>
> Je sais que tu as aimé les photos que je t'ai envoyées.
>
> Comme je te l'ai dit, je ferai TOUT ce que tu me demandes, parce que tu es mon Maître ; mon petit cul de pédé est à toi. J'ai adoré ton idée de me forcer à lécher tes rangers devant tes copains… T'es tellement fort, musclé et dominant, que ça m'excite à mort.
>
> J'ai rasé TOUT mon corps pour toi, parce que je sais que tu m'aimes comme ça. J'ai hâte de me faire menotter et frapper par toi. Tu m'excites vachement quand tu dis que tu veux que je sois ton punching bag. Tu peux m'apprendre la vie à coups de fouet, c'est sûr. CHEF, OUI CHEF ! Je veux que tu me prennes le cul bien fort et à toute vitesse. Je porte mes bas blancs en ce moment, et pense très fort à toi…

Ma queue enfle à chaque fois que je regarde tes photos. Ma vie est parfaite depuis que je t'ai rencontré. Ma vie rêvée enfin réalisée ! Tu es le ROI, et je suis ton prince soumis qui fera TOUT ce que tu ordonneras.

Je sais que je ne mérite pas de sucer ta GROSSE queue, mais elle me fait fantasmer TOUTE la journée quand je suce la queue d'autres mecs... Je pense à toi en secret. Aujourd'hui, j'ai baisé avec un flic qui avait la trentaine, il m'a jeté partout dans la chambre et m'a baisé SUPER bien... C'était vraiment chaud.

Et puis j'ai baisé trois filles, cette semaine, et leurs chattes étaient TELLEMENT serrées. Elles n'auraient JAMAIS pu deviner que je suis une vraie chienne qui suce des queues, et que j'ai un maître aussi SEXY.

Je suis ton suceur de queue personnel, et je sucerai TOUS tes copains, juste pour toi. Pour te prouver que je peux obéir à TOUS tes ordres. Oui, je sais, je suis une pute, et j'ai dû baiser avec plus de dix mille personnes (hommes et femmes), mais je veux être JUSTE à toi. Je suis impatient de passer dans ta maison isolée dans les bois. Comme ça, personne ne nous dérangera.

Je porterai un collier de chien, et, si je ne suis pas sage, tu pourras faire ton truc sur moi. Tu sais, celui avec les chiens... Tu ne seras pas déçu, parce que je suis totalement à toi, maintenant.

Tous les jours, j'adore lire TOUS tes mails et faire TOUT ce que tu me demandes.

À +, Chef.

Ton méchant prince prétentieux,
Luka :)

CHAPITRE 11

Je hais ma mère

« Être puissant, c'est comme être une vraie Lady. Si vous devez expliquer que vous l'êtes, c'est que vous ne l'êtes pas. »

MARGARET THATCHER
Luka Magnotta @Luka_Magnotta

Pendant les mois qui ont suivi mon viol, moi qui étais populaire à l'école, je suis devenu le paria. Je me suis complètement replié sur moi-même. J'en avais parlé à des amis et ils avaient promis de ne pas le répéter, mais ils l'ont fait. Je voulais que ça s'arrête, et j'ai pleuré et pleuré chaque nuit pour que ça s'arrête...

Pourquoi ma mère permettrait à ce monstre de faire du mal à ses bébés ? POURQUOI les violences, les coups de poing, se faire projeter contre le mur ? Mais la violence émotionnelle et mentale était pire que les bleus.

Ma mère aurait facilement pu lui dire de se barrer. Elle ne l'a jamais fait. Pourquoi ? C'est la question que je me suis toujours posée. Je la hais, ma mère, pour ça. Je la hais à tel point que j'en suis arrivé à m'en foutre.

J'ai vécu toute une vie d'intimidations de la part de ma mère despotique. Depuis la prime enfance, j'ai été terrifié par ses sautes d'humeur, son comportement psychotique, et aujourd'hui même, à l'âge adulte, je ne peux me résoudre à lui dire exactement ce que je pense d'elle. J'ai maintenant atteint le point de non-retour. Elle m'a inculqué le pire des sentiments de culpabilité à coups de petites remarques sarcastiques. Mon problème, c'est qu'elle a une perception déformée de la réalité : même si j'essayais de lui expliquer ce que j'endure, elle retournerait tout ce que je dis à son avantage : j'ai déjà essayé plein de fois. Elle a le chic pour me rendre coupable de tout, je suis toujours le méchant. Mais j'ai versé tant de larmes, à cause des vilaines choses qu'elle m'a balancées, qu'il n'y a plus rien. Je laisse tomber. Je voudrais juste qu'elle s'en aille et me laisse seul.

Pourtant, je sais que si elle venait à comprendre la vérité, ça lui briserait le cœur. Je crois qu'il y a une petite étincelle de culpabilité en moi qui cherche à ne pas la blesser : après tout, c'est ma mère, bien qu'elle se foute de me faire mal et de me rabâcher que je suis un fils horrible. Je me demande comment je vais me sentir quand il sera trop tard pour y changer quoi que ce soit.

J'ai un frère qui vit aux États-Unis et je suis très jaloux de lui, si loin d'elle, hors de sa portée. Ma mère ne va lui rendre visite qu'une fois par an, pendant une semaine : c'est pas génial, ça ?

J'habite à environ une heure de chez ma mère. Ça me rend fou. La plupart des reproches qu'elle me fait sont liés à la quantité de temps – ou plutôt à son absence – que je passe avec elle. Le dernier clash a eu lieu parce que j'avais rendu visite à mon père, le week-end précédent, pour quelques jours. Il a récemment déménagé et vit maintenant à plus de cinq heures de chez nous. Il a pris sa retraite de son propre chef depuis que ma mère l'a quitté, et, pour être honnête, je m'entends plutôt bien avec lui. Je l'ai revu deux fois, cette année. Une fois, il est resté avec moi pendant une semaine – il peut le faire, maintenant, puisqu'il a du temps libre –, et l'autre fois, juste après son déménagement, j'ai voulu m'assurer qu'il était bien installé.

Apparemment – enfin, selon ma mère –, je préférerais mon père. Cependant, après son accès de colère, j'ai pris un calendrier et ai entrepris de cocher les dates de chaque visite que je lui ai rendue cette année. Je l'ai vue cinq fois. Y compris un week-end à Londres, que j'ai payé pour nous deux, pour son soixantième anniversaire. Mais je suis un type calme, pas du genre à faire des vagues. Je n'aime pas la confrontation, les scènes de ménage. Je n'ai jamais eu la confiance en soi nécessaire pour lui dire en face qu'elle est folle.

Cela dit, ne croyez pas que je m'écrase facilement, dans la vie. Au contraire ! Je sais me défendre au travail, et même défendre mes collègues, et je suis un adepte du franc-parler lorsque je crois vraiment à quelque chose. Je ne laisse pas les gens me marcher sur les pieds, je suis juste quelqu'un de tranquille.

Avec ma mère, cependant, c'est une autre affaire. La raison pour laquelle je ne lui ai jamais tenu tête, c'est que je suis incapable de blesser sciemment quelqu'un… surtout pas elle. Je sais qu'à sa façon tordue, elle m'aime et voudrait vraiment croire que nous sommes les meilleurs amis du monde. Oui, elle est jalouse, aigrie, tordue, psychotique et têtue comme une mule. Elle a une très faible estime de soi, n'a pour ainsi dire pas d'amis et a eu le don de perdre à peu près tous les emplois qu'elle a exercés. Elle a même été récemment convoquée au tribunal, suite à la plainte de son patron qui l'accusait de menaces. Elle a dû rechercher une fois de plus du travail. Maintenant, je sais qu'elle a touché le fond et qu'elle se dit : « Je dois être quelqu'un de terrifiant… » Comment voulez-vous que je lui réponde « Oui… tu l'es ! » Elle a une telle agressivité dans la voix – et pas seulement avec moi, avec tout le monde !

Il y a quelques années, nous nous sommes brouillés pour quelque chose de vraiment stupide. Pour une fois, je lui avais tenu tête. Elle s'est barrée en voiture en me larguant, à pied, un jour férié. Quand je suis rentré, j'étais tellement hors de moi que je lui ai adressé un e-mail expliquant toutes mes raisons d'être en colère contre elle. Elle a vraiment été pathétique, sans doute a-t-elle pensé que j'étais un psychopathe.

Quoi qu'il en soit, mon e-mail n'avait pas été rédigé avec colère, juste sur le ton de l'explication. L'e-mail que j'ai reçu en retour n'était qu'un torrent d'injures. Ce qu'elle y a dit était odieux, le genre de choses que vous n'attendez vraiment pas de votre mère. Et il y en avait, et ça n'en finissait pas... J'étais pétrifié. Ma première réaction a été d'envoyer un très long e-mail en retour. J'ai tout déballé, en partant de l'école, de la petite enfance, surtout je lui ai dit exactement ce que je pensais d'elle. Il m'a fallu plusieurs heures, et, quand j'en ai eu fini, mon mec l'a lu avant que je ne l'expédie. Il était vraiment content que je vide enfin une bonne fois mon sac... Puis il a dit : « Maintenant, il faut l'effacer. » C'est ce que j'ai fait, et je ne l'ai pas envoyé. Je lui ai simplement mis un e-mail disant : « Je t'aime trop, Maman. » Je suppose que ça, pour elle, c'était plus exaspérant que tout. Elle n'avait pas eu la réponse qu'elle attendait. Je ne lui ai pas répondu non plus au téléphone de deux semaines, et quand je l'ai finalement eue, elle avait ravalé sa fierté et s'est excusée.

Depuis, franchement, je m'en fous. Il n'y a rien qu'elle puisse dire qui puisse encore me blesser. Avec elle je me sens complètement apathique – est-ce le mot juste ? Je ne veux pas heurter ses sentiments, mais je ne m'inquiète pas pour autant de ce que nous n'ayons plus aucune relation. J'ai mis en pratique le conseil que j'ai reçu de ne plus la faire participer (autant que possible) à ma vie. Je m'étais dit qu'il fallait que je l'emmène quelque part, pour son anniversaire. Je ne l'ai pas fait, délibérément. Si elle me dit : saute, je risque de sauter par la fenêtre.

Que faire ? Où aller en partant d'ici ? Je ne vois pas le bout du tunnel. Même si je la lui disais, elle ne voudrait pas croire à la vérité. Je le sais et n'ai pas le courage de l'affronter.

Mais il n'y a pas qu'elle... Le mec de ma mère était lui aussi un monstre. Je hais mon beau-père encore plus que je ne hais ma mère.

Le prototype de la belle-mère a longtemps été celui de la méchante. Cendrillon et Blanche-Neige, les deux princesses de contes de fées, ont toutes les deux beaucoup souffert, livrées aux mains de leurs méchantes marâtres. Dans les années 1970, les psychologues ont donc inventé le terme d'« effet Cendrillon » pour définir les rapports enfant/belle-mère... et enfant/beau-père. L'idée est qu'un « beau-parent » ne peut pas aimer autant un enfant qui n'est pas de lui (ou d'elle) que ses enfants biologiques. Par conséquent, il (ou elle) ne sera pas aussi apte à le protéger et à l'élever que le sien propre. En outre, cette théorie veut que les enfants risquent plus souvent de subir des maltraitances ou des violences sexuelles de la part d'un « beau-parent » que d'un parent biologique. La majorité des violences commises par un ascendant ont été signalées comme étant l'œuvre du petit ami de la mère biologique, ou d'un beau-père. Ce taux est probablement dû au fait que la plupart des enfants de parents divorcés ou séparés résident en permanence chez leur mère, plutôt que chez leur père avec une belle-mère.

Si votre propre mère ne peut pas intervenir, vous protéger d'un alcoolique psychopathe et violent, qu'est-ce que ça révèle sur son compte ? Toute mère qui permet à ses enfants d'être victimes de violences physiques ou mentales ne mérite pas d'avoir des enfants dans sa vie. Tous les parents devraient faire passer avant leurs propres besoins égoïstes la sécurité et le bien-être de leurs enfants.

Selon mes critères, si votre mère choisit son petit ami ou votre beau-père plutôt que vous, elle est inapte à être parent. Les enfants n'oublient jamais. Les blessures émotionnelles peuvent causer une douleur plus aiguë et durable que toute atteinte physique.

PARLEZ À QUELQU'UN ! Ne laissez pas votre santé mentale et votre bien-être détruits par les agissements abusifs d'autres personnes !

La peur me semble être une saine réaction face à un individu qui vous harcèle et vous menace. C'est exactement pour cela qu'elle existe, la peur : pour vous obliger à réagir face aux dangers pesant sur votre sécurité. Quoique ce sentiment soit désagréable, il est normal, compte tenu de la situation qui le suscite. Si une peur permanente vous gêne, entrave votre vie longtemps après que vous avez réglé vos différends avec votre beau-père, c'est que cette peur est devenue un problème d'anxiété dysfonctionnelle, et il est peut-être temps pour vous d'aller consulter… C'est juste une suggestion en passant, à glisser dans votre poche : elle pourrait se révéler utile à l'avenir.

Les gens ont tendance à associer l'idée de récompense à celle de plaisir, et le châtiment à la douleur. La réalité n'est pas vraiment celle-là. En termes simples, une récompense est faite pour encourager un comportement, un châtiment pour l'empêcher. La récompense peut être agréable, mais ce n'est pas toujours le cas. Ce qu'il vous reste à faire, c'est de réfléchir attentivement aux comportements qui ont fait que votre beau-père a trouvé gratifiant de vous harceler par le passé, puis d'arrêter. Si vous réduisez sa faculté de se sentir récompensé (en vous punissant), vous aurez quelques chances de décourager tout harcèlement supplémentaire de sa part.

Les gros bras se sentent régulièrement récompensés en dominant et contrôlant leurs victimes. C'est une vraie jouissance, pour eux, de voir les autres avoir la trouille, ça les excite. Donc, si c'est votre cas (chaque situation est unique, et mes conseils ne feront pas nécessairement votre affaire), déterminez les comportements qui, chez vous, signalent à votre beau-père que vous avez peur de lui, et arrêtez de vous comporter de cette façon. Peut-être aurez-vous toujours peur, mais, en cessant d'agir comme quelqu'un qui a peur, vous pourrez parvenir à le décourager. Par exemple, s'il s'excite à l'idée que vous refusez d'aller quelque part, cessez d'éviter cet endroit. S'il s'excite parce que vous ne le regardez pas dans les yeux, cessez d'esquiver son regard. En deux mots, vous pouvez vous mettre à vous comporter de façon plus proactive à son égard, et c'est susceptible d'amorcer un changement dans son propre comportement.

Avant de commencer, vous devez jauger le niveau de menace réel pour vous ou votre mère. Si vous ou votre mère courez le risque d'être agressés, battus ou violés, le défier directement (ou l'ignorer, ou tenter quoi que ce soit pour arrêter de « nourrir » sa motivation) n'est pas la meilleure chose à faire. Si vous stoppez son « alimentation », il est probable que son comportement va empirer, il risque de devenir encore plus menaçant, plus odieux. S'il remarque qu'il n'est plus « nourri », c'est-à-dire soutenu dans son comportement, alors qu'il entend que ça continue, il accentuera davantage encore son attitude violente pour rétablir l'ordre des choses. C'est comme quand vous appuyez sur la pédale de frein de votre voiture : si vous trouvez soudain que le frein ne fonctionne pas, vous aurez tendance à appuyer plus fort encore.

Par la suite, j'ai été prostitué, je me suis fait baiser pour pouvoir mener la grande vie, celle d'une star, la vie dont je me vantais auprès de mes fans sur le net, celle qui m'a toujours fait fantasmer, qui me correspond le mieux et qui m'a permis notamment de payer de vraies vacances de luxe à ma mère aux Bahamas… Et comment elle m'a remercié, la bâtarde ? Vous l'avez entendue, vous, me défendre dans les médias ?

La dernière fois qu'elle s'est manifestée, ç'a été pour déverser son fiel sur ma page MySpace :

« Luka se promène dans son condo en portant sans cesse de nouveaux vêtements : il se change toutes les heures. Il est atteint de troubles mentaux, il est très très imprévisible. Il use et abuse de toutes sortes de médicaments qu'il appelle ses vitamines. »

CHAPITRE 12

Une vraie bite de monstre

On commence à vieillir lorsqu'on préfère
se souvenir des choses plutôt que de les faire.

Luka Magnotta @Luka_Magnotta

Je suis somnambule depuis l'adolescence. Est-ce parce que j'ai été violé ? Une fois, quand j'avais quinze ans, je suis sorti de mon appartement tout en dormant et je suis allé dans le couloir, puis dans la cage d'escalier. J'étais en train de marcher en direction du toit quand j'ai réalisé où j'étais, et me suis réveillé. C'était terrifiant… Il se serait passé quoi, si j'étais monté sur le toit ?

La semaine dernière, à l'hôtel, je me suis réveillé dans l'ascenseur. C'est normal ? Quelqu'un peut m'en dire plus long ?

Souvent je me réveille en suffoquant. Comme si ma gorge s'obstruait. Je pense que je fais de l'apnée du sommeil.

La plupart du temps, je me réveille dans mon lit, mais parfois dans d'autres, ou bien dans la rue. Bref, je dors en plein de lieux différents…

Je me demande surtout ce que je fais, dont JE NE ME SOUVIENS PAS.

L'avantage, c'est que je finis toujours plus ou moins par retrouver ce que j'ai fait grâce au net. J'ai laissé tellement de *posts* partout, comme autant de petits cailloux…

« Depuis que X, mon petit ami, ne veut plus m'enculer, je dois trouver ailleurs, si vous voyez ce que je veux dire… J'ai rencontré deux mecs sur *Pico*, samedi soir, et nous sommes allés derrière une école pour nous faire une petite partie à trois en public… Plutôt dingue, non ? LOL !

Ils ont commencé par me lécher les seins gentiment, et puis un des gars – qui, soit dit en passant, s'appelle Sam – a sorti sa bite, et à ma grande joie il en avait une TRÈS grosse, et comme vous savez, Luka, les grosses, il adore ! J'ai commencé par le sucer comme un sucre d'orge de Noël et aussi un peu comme Cindarella !

C'est alors que l'autre mec – qui se nomme Rob – s'est ramené, il a sorti son engin, et là, déception, il avait un petit pénis, j'étais très déçu, surtout que moi, perso, la mienne c'est le morceau du Roi ! Il m'a demandé de le sucer aussi, mais bon, j'étais pas tellement excité par son petit machin, alors je l'ai juste branlé, à la place, pendant que je continuais à pomper le dard de Sam, une vraie bite de monstre : 25 centimètres.

Quand j'ai demandé à Sam de me sucer à son tour, il m'a fait : “Euh, non, c'est pas trop mon truc”, le pauvre chou. Je lui ai dit : “C'est parce que c'est la première fois que tu te tapes un trav' ?” Et il a confirmé. Je lui ai dit : “T'inquiète, je vais t'apprendre à sucer une pine, mon gars, t'as vu comme c'était bon quand je te l'ai fait ? Ben, fais pareil !” Il s'est agenouillé et a commencé à me la sucer, mais bon, ça n'a pas duré dix secondes que j'avais pigé que ouais, c'était vraiment pas son truc”... LOL !

Je m'en foutais, d'ailleurs, parce que j'étais tellement impressionné par son putain de gros truc que je me suis remis à genoux, et avec joie, pour le re-sucer, oubliant complètement la petite queue du Rob. Lequel s'est mis à pleurnicher comme une poupée Barbie : “Et moi, alors, tu ne me suces pas ?” Bon, je la lui ai prise en bouche deux secondes, histoire de le calmer, puis j'ai réattaqué le joli monstre de Sam.

Ensuite j'ai dit aux mecs de s'embrasser sur la bouche pendant que je les suçais l'un et l'autre... Et devinez ? Ils l'ont fait ! Ça prouve quoi ? Que les mecs qui aiment les trav' aiment en réalité aussi les autres mecs... J'ai toujours dit que ceux qui se tapent des *shemales* rêvent de se faire mettre par elles. Ils sont bisexuels, mais... discrètement. J'ai posé la question à Sam, il m'a dit que non, qu'il était *straight*... Tu parles, Charles !

J'ai alors enfilé une capote sur la queue de Sam, et, aussi sec, le salaud me l'a fourrée dans le cul, si vite, d'un coup, que ça m'a fait foutrement mal. Je lui ai fait : "Oh, Sam, vas-y mollo, tu peux pas me la mettre si profond d'un coup comme ça !" Pour toute réponse, il a éclaté de rire et a continué de plus belle. Je lui ai dit : "Bon, alors, tu sais quoi ? Reste comme ça, mais ne bouge plus, reste TRANQUILLE, comme la statue de la Liberté à New York, et moi je vais aller et venir à mon rythme..." Il a accepté parce que je suis plus âgé que lui : Sam, c'est encore un tout jeune homme...

Là, c'était géant ! Empalé par sa grosse bite, je me suis senti comme une princesse à Disneyland, LOL ! Puis il s'est mis à me baiser plus fort, et là, putain, j'ai adoré. Il voulait que je suce Rob pendant qu'il me défonçait, alors je l'ai fait. C'était vraiment chaud : Sam m'embrassait tout en m'enculant, Mmmmmmmm, j'ai vraiment pris mon pied, pas comme avec mon régulier qui est un manche, pour la sodo, et avec qui je dois éternellement faire le mec, au lit.

D'ailleurs, celui-là, si vous le croisez au *Viper Room* de L.A., surtout ne lui dites pas que Luka s'est offert une petite partie à trois sur *Pico*, parce qu'il est foutrement jaloux, et plutôt perturbé, en plus ! C'est un Italien qui me veut pour lui tout seul, voyez le genre.

Bref, la fin de l'histoire, c'est Sam qui m'a balancé tout son sperme dans la figure, il a niqué mon maquillage et j'ai dû me débarbouiller avec des kleenex et tout refaire pour les clients suivants. J'aurais bien préféré tout avaler, mais je me suis promis de ne le faire qu'avec mon amoureux, vous savez qui...

Quant à Rob, il a fait gicler partout son petit pénis, là, sur le trottoir et contre le mur de l'école, où les gosses jouent pendant la journée ; il a marqué son territoire comme les chiens avec leur pisse ! Après, on a fumé des clopes tous les trois, et comme j'étais encore un peu salement excité, j'ai recommencé à sucer Sam parce que j'aimais décidément sentir sa grosse queue dans ma bouche. Je me suis éclaté, vraiment. Sam est un putain de *queutard*, c'est vraiment trop con que mon mec refuse de m'enculer : j'adore ça… J'espère qu'il le fera un jour. Faudrait peut-être qu'il arrête d'abord la coke, je sais pas. Tout ce que je sais, c'est que mon cœur est à lui, que je suis toujours amoureux de lui, mais que, pour me défoncer, faut que je me trouve toujours un autre mec, parce que lui ne le fait pas. Et, en attendant, j'espère que vous avez aimé ma petite histoire vécue ! Héhéhéhéhéhé ! »

Vous trouvez ça choquant ? Peut-être que vous êtes homophobes ? Sachez que les homophobes sont des homosexuels refoulés !

Ça me fait vraiment chier que les filles se moquent des gays, ou que les mecs hétéros soient morts de trouille quand ils croisent un gay ou un bi. OK, toi, t'as été élevé dans la haine et la crainte des homosexuels… Mais là, on est en 2009, il y a des homos partout. Si tu n'aimes pas les homos, va te cacher, parce qu'on n'ira nulle part !

J'ai rencontré plusieurs mecs qui font tout ce qu'ils peuvent pour prouver à tout le monde à quel point ils sont hétéros. Ridicule ! Et puis, un jour, on découvre qu'ils ne l'étaient pas tant que ça, finalement. Ma théorie, c'est que si tu es hétéro et vraiment à l'aise avec ta sexualité, pourquoi tu irais te soucier de celle des autres ? Pourquoi est-ce qu'on te gêne tant ? Mon expérience m'a appris que ces gens-là ne le font que parce qu'ils tentent désespérément de cacher leurs propres inclinations. Et même maintenant, j'en ai la preuve.

La psychanalyse dit que l'homophobie – la peur, l'anxiété, la colère, l'inconfort, l'aversion que certaines personnes apparemment hétérosexuelles ressentent vis-à-vis des gays – est le résultat de pulsions homosexuelles refoulées. Une étude parue dans le numéro d'août 1996 du *Journal of Abnormal Psychology*, publié par l'American Psychological Association (APA), donne de nouvelles preuves empiriques compatibles avec cette théorie. On y apprend que des chercheurs de l'Université de l'État de Géorgie ont mené une petite expérience auprès de personnes se disant « homophobes » sur le thème : *« Est-ce que ça vous excite ? »* Y ont participé 35 hommes homophobes et 29 hommes non homophobes, leur degré d'homophobie étant mesuré par un indice sur l'échelle de l'homophobie. Tous les participants sélectionnés pour l'étude s'étaient d'abord décrits comme exclusivement hétérosexuels, autant en termes d'excitation que d'expérience sexuelle. Chaque participant a donc été exposé à des stimuli érotiques « sexuellement explicites » : des vidéos mettant en scène des hommes hétérosexuels, homosexuels et des lesbiennes. Leur degré d'excitation sexuelle a été mesuré par *pléthysmo-*

graphie pénienne. Les hommes des deux groupes ont été autant excités par la vidéo montrant des comportements hétérosexuels que par la vidéo montrant deux femmes engagées dans un acte sexuel. La seule différence significative dans le degré d'excitation entre les deux groupes s'est produit quand ils ont vu la vidéo montrant un acte homosexuel masculin : les hommes homophobes ont eu une augmentation significative de la circonférence de leur pénis avec la vidéo homosexuelle masculine ! Et pas le groupe contrôlé comme non homophobe !

« 66 % du groupe non homophobe n'a montré aucune *turgescence* significative en regardant la vidéo homosexuelle masculine, et seulement 20 % des hommes homophobes ont été peu ou pas excités. Alors que 24 % des hommes non homophobes ont eu une érection établie en regardant la vidéo homosexuelle, ce chiffre est monté à 54 % pour les hommes homophobes.

« Lorsqu'on leur a demandé de donner leur propre évaluation subjective de l'importance de leur excitation en regardant chacune des trois vidéos, les hommes des deux groupes ont donné une réponse correspondant avec les résultats de la mesure physiologique objective, à une exception près : les hommes homophobes ont considérablement sous-estimé leur degré d'excitation vis-à-vis de la vidéo homosexuelle masculine. »

Que signifient ces résultats, si ce n'est que l'homophobie chez les hommes est une réaction à une pulsion homosexuelle refoulée, comme le théorise la psychiatrie ?

Même si leurs résultats sont conformes à cette théorie, les auteurs font remarquer qu'« il existe une autre explication théorique : l'anxiété. Selon cette théorie, la visualisation de la vidéo homosexuelle masculine peut avoir causé des émotions négatives (comme l'anxiété) chez les hommes homophobes, mais pas chez les hommes non homophobes. Comme le notent les auteurs, "il a été démontré que l'anxiété augmente l'excitation et l'érection", et il est donc aussi possible qu'une réponse à des stimuli homosexuels avec ces hommes soit la conséquence d'une perception de menace plutôt que d'une excitation sexuelle en soi. Ces notions concurrentes peuvent et doivent faire l'objet de plus amples recherches. »

En attendant, les homos refoulés sont ma bête noire !

CHAPITRE 13

Disponible rayon amour

> Être gay ou bisexuel, ce n'est pas ça qui te définit. La vie est bien plus complexe que ça, mais la plupart des gens, ayant une intelligence limitée, ne peuvent pas comprendre.
>
> **Luka Magnotta** @Luka_Magnotta

Je m'appelle Jimmy ou Angel. Ce sont mes petits noms d'escort-boy, pour mes clients. J'étais référencé sur plusieurs sites de rencontres gays de Toronto.

Y a tout, sur ces sites : photos, mensurations, spécialités, ce que j'accepte de faire (tout !), et même des commentaires – ceux que mes clients laissaient après...

« Il dit que sa bite fait 23 cm... alors qu'elle en fait plutôt 17. Il est tellement maigrichon que quand je l'ai vu retirer sa chemise, j'en ai presque vomi. Ses jambes sont tellement malingres... Il n'a vraiment pas un pet de

muscles. Essayer de discuter avec lui en plus, c'est un peu comme avoir une conversation avec "Bevis et Butthead". Donc, si vous voyez sa pub, ne la prenez pas au sérieux. Il n'a rien à voir avec ce qu'il décrit. »

Ouais. Ben, ça, c'était pas un client. C'était un jaloux, une de ces pestes qui m'ont rendu dingue, à déverser leur bile sur mon compte. J'étais si facile à joindre. Vous auriez pu me réserver pour un moment au tarif de 200 dollars canadiens. Pour le week-end, c'était 1 200. J'ai connu des week-ends vraiment merdiques.

Un jour, *Naked News*, la télé sur le net où tous les animateurs/trices sont à poil, m'a demandé de venir sur leur plateau répondre à une interview. Je me suis dit que ça ne pourrait pas faire de mal à mon bizness et j'y suis allé avec un pantalon vraiment génial, en résille.

– *« Jimmy », tu es escort-boy, c'est ça ? C'est un boulot pas commun : raconte-moi comment tu en es arrivé à exercer cette profession-là ?*

– Au début, j'étais strip-teaseur, et un des mecs avec qui je travaillais m'a dit : « Jimmy, si tu ne veux plus être strip-teaseur, faire de la scène… » – vous savez, c'est dur, parfois, de cacher qu'on exerce cette profession, des gens que je connaissais sont entrés un jour et m'ont vu à poil, j'ai dû leur expliquer que je faisais quelque chose d'autre…

– (Rires.) *Oui, c'est dur, de se cacher quand on est tout nu sur scène !*

– Alors ce mec-là m'a dit : « Tu veux un travail un peu plus discret, payé cash ? Deviens escort ! » Moi, à l'époque, je ne savais même pas ce que c'était…

– *OK. Alors, comment ça s'est passé ? Est-ce que tu aimes ton travail ?*

– Oui, vraiment, j'aime mon travail. Je rencontre tout le temps de nouvelles personnes, et, vous savez, moi j'aime les gens. Ça se passe très bien pour moi.

– *Quand même, ce doit être difficile, dans votre vie personnelle, d'assumer ce métier d'escort-boy. Vous devez entendre beaucoup de jugements négatifs venant de votre famille, de vos amis, de gens qui sont au courant de ce que vous faites pour gagner votre vie ?*

– Vous savez, ça n'est pas comme si je me tenais au coin de la rue, comme si je faisais le trottoir : une voiture passe, 20 dollars et hop ! – ce genre de trucs... Je me consacre à une clientèle sélect, celle dont je m'occupe, et je n'en parle pas à ma famille ni à mes amis, à cause des stéréotypes associés à ce genre de travail. Dans notre culture, ça n'est tout simplement pas acceptable, on entend dire : « Oh, vous savez, il est pédé, c'est un drogué, il est accro à tout ce qui existe... »

– *Et ça ne correspond pas à ce que vous vivez en tant qu'escort ?*

– Non et non ! Mon expérience, c'est d'avoir voyagé partout dans le monde, de ne plus avoir à faire le stripteaseur (merci, mon Dieu ! – *Rires*), d'avoir rencontré des personnes vraiment influentes, vous savez, des gens super, ici comme à l'étranger, d'avoir eu l'occasion de vivre des expériences que je n'aurais pas pu connaître autrement... Vous savez quels sont les vrais points forts du métier d'escort-boy ? Je suis mon propre chef, je choisis mes horaires et je gagne plein de pognon !

– *Le fait d'avoir beaucoup de relations ne gâche pas votre vie sexuelle, votre plaisir personnel ? À la longue, prenez-vous la peine de faire l'amour, s'il n'y a pas d'argent en jeu ?*

– Lorsque je suis avec quelqu'un, je me dis : « Je suis avec qui, là ? Un client, ou quelqu'un à qui je tiens ?... » Mes sentiments sont... comment dire ?...

– *Vous trouvez qu'à force, la frontière entre votre vie personnelle et votre vie professionnelle est devenue floue...*

– Oui, c'est vrai. Elle est floue... Mais je travaille au rayon « sexe », pas au rayon « amour » ! Mais si ça intéresse quelqu'un qui nous regarde, je suis disponible au rayon « amour », en ce moment !

– *À propos : pour les gens qui nous regardent à la maison et qui ont déjà eu envie de faire appel à un escort, mais qui ont hésité, car ils ont peur ou ne savent pas comment s'y prendre : que faut-il faire ?*

– Je suis disponible !!!

– *Comment déterminer si la personne est celle qu'il leur faut ?*

– Avant de recruter un escort, il faut consulter les avis qu'on a écrits à leur propos sur certains sites web... Il est vrai que certains rédigent eux-mêmes les commentaires à leur sujet... Ça n'est pas très crédible... *(Rires.)*

– *« Je suis super ! »* (Rires.)

– Oui, du style « Je suis le plus beau et j'ai une énorme bite ! »... Et après, quand vous ouvrez la porte, c'est pas du tout ça... Certains clients m'ont raconté des histoires de ce genre-là... Si vous voulez recruter un escort, appelez-le d'abord, au téléphone, peut-être serez-vous nerveux, mais vous pourrez lui demander de se décrire, de dire à quoi il ressemble, quelle est sa personnalité, pour voir si vous êtes compatibles, car tout le monde n'est pas compatible. Vous devrez choisir ce qui vous convient le mieux, quel look... S'ils ont une photo, c'est encore mieux. Si on fait ce métier, on a forcément une photo...

– *Mais Photoshop est là !*

– Je n'y avais même pas pensé, je n'y connais rien ! *(Rires.)* Mais, dans les histoires que je les entends me raconter, certains clients me disent qu'il leur arrive d'appeler quelqu'un et que la personne qui se présente à la porte est totalement différente. Ça les énerve et ils disent : « Ça va pas coller... »

– *Donc, il faut savoir ce qu'on veut, et il faut ensuite être suffisamment sûr de soi pour dire quand ça ne va pas...*

– Exactement. Si vous n'êtes pas content, dites que ça ne va pas être possible. Mais, en ce qui me concerne, en général tout le monde m'aime bien, je vais les voir et on passe du bon temps, on s'amuse bien...

– *J'imagine...*

– C'est vraiment amusant, pour moi...

– *Donc, escort est une « carrière » que tu recommandes ?*

– Euh… pas à tout le monde ! Pour moi, c'est parfait, c'est le meilleur choix, je ne me plains pas, à part quelques… euh… *(Il esquisse un geste évocateur avec les mains.)*

– *Ah ? Tu as eu des histoires craignos avec certains clients ? Des gens qui se sont montrés trop « possessifs » à ton endroit ?*

– Ça peut être dangereux, oui, j'ai vécu des aventures assez horribles, mais, dans 90 % des cas, les gens m'aiment et me respectent, ils me traitent avec dignité. Je suis quelqu'un de bien, et si je suis gentil avec quelqu'un, ce quelqu'un-là va me respecter. Certains clients, surtout ceux qui prennent des drogues ou qui boivent de l'alcool, peuvent être violents, mais je sais comment me comporter dans ce genre de cas… Je fais attention à ce que je dois dire ou pas, je sais comment me sortir des situations dangereuses.

– *Si jeune et pourtant déjà si mûr… ?*

– Je sais, je sais… (*Rires.*) J'ai beaucoup de clients réguliers dans cette ville, mais aussi dans d'autres villes ; donc, ce boulot est parfait pour moi, car j'aime voyager, j'aime le sexe, et j'aime rencontrer de nouvelles personnes. Donc, pour moi c'est l'idéal…

– *J'imagine que si tu sors avec un autre escort, vous devez en avoir tellement marre du sexe que vous terminez la journée en regardant simplement un film ensemble…*

– Je suis sorti avec des escort-femmes et des escort-hommes, et c'est la même chose : en fin de journée, nous n'apprécions plus le sexe, nous ne voulons même plus parler de sexe, c'est du genre... *(Fait le geste de mettre son doigt dans sa gorge pour se faire vomir)* : « S'il te plaît, plus de sexe, n'en parle même pas, regardons plutôt la télé... » Ou alors, quand nous partons en vacances, on se relaxe, couchés dans le sable... C'est tout ce qu'on veut faire.

– *Maintenant, une question importante pour nombre de gens : combien de temps peut-on travailler dans ce secteur ? La société et notre culture en général sont obsédées par la jeunesse, il doit donc y avoir une échéance lorsqu'on est escort. Quels sont tes projets d'avenir ?*

– Bon, je n'ai que... dix-huit ans, j'ai encore pas mal de temps devant moi... Mais on peut aussi durer longtemps... C'est lié à l'offre et la demande. Si les gens aiment ton aspect physique, si les gens sont attirés par toi, ils te réclament. Les gens qui aiment les jeunes, ils m'appelent aujourd'hui, mais lorsque j'aurai trente ans, ceux qui m'appelleront, c'est qu'ils voudront un mec de trente ans. Bien sûr, je n'aurai plus autant de clients. Les plus jeunes ont tendance à se faire beaucoup plus de fric que les plus âgés.

– *As-tu déjà eu des « requêtes » qui passaient la limite ? Où tu as dit : « Peu importe la quantité d'argent que tu vas me donner, je refuse de faire ça » ?*

– Je ne sais pas... euh...

– *Mais si... Quand on a fait la pré-interview, tu m'as raconté l'histoire de ce type qui voulait que tu aies un rapport sexuel avec un poulet ?*

– Oui, un type m'a vraiment demandé de me farcir un poulet mort. Bon, je venais d'apparaître dans un magazine gay, et lorsque vous êtes publié, vous recevez plein de mails de fans. Quelqu'un m'a écrit pour me demander : « Ferais-tu ça avec un poulet mort ? » Il m'a envoyé des photos de lui en train de se taper le poulet… Moi, j'en revenais pas, franchement, on aurait dit qu'il était en train de fourrer la dinde de Noël !

– *Mais, pour ce genre de chose, tu peux demander beaucoup, beaucoup d'argent !?*

– Oui, mais ça n'est pas le genre de chose que j'ai envie de faire, de toute façon… Ça n'est pas dans mes priorités, quoi… Et tant pis si je gagne moins !

GILLES CHAMBERLAND : « Chez les narcissiques, l'identité sexuelle n'est souvent pas très bien définie, elle est comme secondaire, et surtout "utilitaire". On va charmer indifféremment des hommes et des femmes pour accéder au statut social qu'on vise, c'est un outil au service de la réussite. Les conquêtes sont des trophées qu'on exhibe pour démontrer son prestige, plus que des aventures réellement amoureuses. »

CHAPITRE 14

Mêmes droits pour tous !

> Je ne regrette pas mon passé, je regrette juste le temps passé avec les mauvaises gens !
>
> **Luka Magnotta** @Luka_Magnotta

Contrairement à une idée répandue, tous les travailleurs du sexe ne font pas le trottoir, et tous ne sont pas des drogués. Ces préjugés commencent à m'énerver grave. Les prostitués et les escorts sont aussi des êtres humains, on a un peu trop tendance à l'oublier.

J'espère que ces lignes attireront l'attention sur le fait que les prostitués et les escorts sont des êtres humains, que leur vie vaut autant que celle des autres. Je me suis documenté pour écrire ça. J'ai un peu pompé, même, mais vous ne m'en voudrez pas, parce que ce qui compte c'est le message. Ça me rend malade d'entendre dire que les escorts et les prostitués sont des créatures inférieures, qu'ils méritent ce qui leur arrive parce qu'ils évoluent dans ce secteur d'activité. Moi, je dis : « Mêmes droits pour tous ! »

Beaucoup réclament la légalisation de la prostitution, comme c'est le cas en Allemagne, aux Pays-Bas, dans le Nevada (aux États-Unis), ils disent que ça a amélioré la santé et la sécurité des travailleurs du sexe. En même temps, ceux-ci n'ont toujours pas les mêmes droits que les autres salariés, car ils sont souvent soumis à des conditions de travail abusives et obligés de payer des taxes spéciales en sus de l'impôt sur le revenu. C'est parce que aucune forme de légalisation n'a jamais vraiment amélioré les droits des travailleurs du sexe que leurs organisations de défense militent pour la dépénalisation de la prostitution, non pour sa légalisation.

Au Canada, la prostitution est légale, même si bon nombre d'activités entourant la prostitution ne le sont pas. Les lois canadiennes sont réparties en trois sections principales :

La première régit les maisons closes, elle rend illégal l'usage d'une résidence ou d'un local commercial comme lieu de prostitution, et interdit à quiconque d'amener une autre personne dans un endroit utilisé à des fins de prostitution.

Le deuxième ensemble de textes est connu comme le bouquet de lois anti-proxénétisme (ou « Lois du mac ») : ils interdisent à qui que ce soit de gagner de l'argent en exploitant un travailleur du sexe, ou d'inciter quiconque à en devenir un.

La troisième loi est la Loi de Communication qui interdit les négociations portant sur l'échange de sexe contre de l'argent dans un lieu public. Cette loi est censée cibler autant le client que le travailleur du sexe, mais, la plupart du temps, ce n'est que le travailleur du sexe qui est inquiété.

À cause de ces lois il n'est pas seulement extrêmement difficile de pratiquer la prostitution légale, il est surtout compliqué de l'exercer dans des conditions de sécurité suffisantes. Par exemple, la loi contre les maisons closes nous empêche de travailler dans un environnement connu et sûr, et nous oblige à aller chez le client ou dans sa chambre d'hôtel où peuvent être cachées des armes ou d'autres personnes…

La loi interdit aux travailleurs du sexe d'avoir recours à un service de sécurité personnelle (par exemple un chauffeur ou un garde du corps), de conseiller à un client un(e) autre prostitué(e), ou de faire en sorte d'être à deux avec un seul et même client. La loi empêche aussi le travailleur du sexe de rencontrer un client dans un lieu public avant de se retrouver seul avec lui, ce qui le place dans une position extrêmement vulnérable. Faire l'escort est, du coup, l'un des moyens les plus sûrs pour se prostituer légalement au Canada. Une agence d'escorts est une entreprise qui offre des services de « présentation entre deux personnes qui vont se fréquenter pour un laps de temps donné au cours duquel des frais sont imputés, perçus ou imposés… »

Comme les agences d'escorts ne facturent que pour « tenir compagnie », pas pour des services sexuels, elles ne commettent aucun acte illégal, même s'il est de notoriété publique que les escorts fournissent de tels services… Si l'escort et le client ont des rapports sexuels, ça n'est pas gênant puisque c'est considéré comme relevant de la sphère privée. Par ailleurs, si l'escort décide de demander un supplément pour ses services, il ne commet pas d'acte illégal tant que lui-même et son client se trouvent dans un lieu privé. Les escorts peuvent aussi travailler pour leur propre compte, sans faire partie d'une agence, par exemple en mettant des annonces dans les journaux, dès lors qu'ils ne font pas explicitement de publicité pour des services sexuels rémunérés, et exercent « à l'extérieur », c'est-à-dire au domicile du client plutôt que chez l'escort lui-même.

Bien que tous les travailleurs du sexe soient tenus de payer l'impôt sur le revenu (et ce, même si leur activité est illégale), beaucoup ne le font pas, car ils ne veulent pas se déclarer en tant que travailleurs sexuels, par crainte des répercussions. Ils ne ressentent pas le besoin de payer des impôts pour une activité qui ne leur offre au surplus ni protection ni droits.

Dans l'État du Nevada, la prostitution est légale dans dix des dix-sept comtés, mais uniquement dans le cadre de maisons closes ayant obtenu une licence. Il en existe trente-six. Elles offrent un excellent niveau de sécurité : boutons d'alarme dans les chambres, interphones, service de surveillance et gardes. Mais comme dans le Nevada, il n'y a aucune alternative aux maisons closes, les propriétaires en profitent souvent pour exploiter les travailleurs du sexe. La plupart de ces établissements obligent leurs employés à travailler douze à quatorze heures par jour, et exigent qu'ils résident dans la maison pendant toute la durée de leur contrat, qui va d'une semaine à quelques mois.

L'Allemagne est plus avantageuse pour les travailleurs du sexe que n'importe quel autre pays où la prostitution est légale. Les travailleurs du sexe peuvent s'y déclarer en tant que prostitué(e)s, se syndiquer, cotiser à l'assurance santé, à l'assurance chômage et aux régimes de retraite. Ils ne sont plus tenus de se soumettre obligatoirement aux tests du VIH ou des MST.

Mais ce système n'est pas exempt de défauts. Les travailleurs du sexe doivent non seulement payer des impôts, mais ils sont également tenus de payer une TVA de 16 %, ainsi qu'un impôt forfaitaire de 25 euros par journée de travail.

Il n'existe actuellement au monde aucun modèle de législation qui garantisse aux travailleurs du sexe les mêmes droits que ceux des autres salariés. Les activistes et organisations pour les droits des prostitués font donc campagne pour la dépénalisation de la prostitution. Celle-ci impliquerait l'abolition totale de toute loi sur la prostitution, et la reconnaissance de l'industrie du sexe comme un secteur économique analogue aux autres types d'activités acceptés par la société.

CHAPITRE 15

Je veux qu'on me rende mon loulou de Poméranie !

La destinée n'est pas une question de chance, c'est une question de choix : ce n'est pas quelque chose que l'on attend, c'est quelque chose que l'on fait.

Luka Magnotta @Luka_Magnotta

Y a pas de hasard : le hasard ça n'existe pas. Y a des trucs qui ne s'inventent pas. Vous savez qui vivait au-dessus de chez moi, boulevard Decarie ? et avec qui je suis devenu pote ? Derek Mackinnon ! Une vedette ! Ça vous dit rien ?

Bon, c'est vrai qu'à ma connaissance, il n'a brillé que dans un film canadien de série Z, *Le Train de la terreur*. On ne le voyait jamais, en plus, il était toujours déguisé en femme ou en autre chose… Il tuait onze personnes de façon très violente, et en découpait même une !

Le soir du 24 mai, précisément le soir où Lin Jun est mort, j'avais proposé à Derek de passer boire un verre chez moi, pour parler cinéma. J'aurais eu besoin de ses conseils, je voulais quitter le bizness du porno, me trouver un véritable agent. Mais, le 24, il ne pouvait pas.

Il aurait dû passer, Derek. Enfin, peut-être pas... Allez savoir.

Par contre, quoi que j'aie pu laisser croire au départ, je n'ai jamais eu de relation avec Karla Homolka. Karla est très connue au Canada. C'était la femme du serial-killer canadien Paul Bernardo, une autre idole à moi. On les surnommait « Ken et Barbie ». Karla lui a offert sa propre sœur, adolescente. Au procès elle a témoigné à charge contre lui, l'a même accablé, genre sainte Nitouche « mon mari est un monstre ! » Mais voilà qu'on a révélé l'existence de sex-tapes où on voyait la réalité, très différente : ils avaient violé et tué, ensemble, la petite sœur avec deux autres mineures. Et démembré les corps. Ils ont tout filmé. Elle, elle a payé : douze ans de taule, et elle a refait depuis sa vie en Guadeloupe sous le nom de L.B. La vérité, c'est que j'aurais rêvé de la rencontrer, d'avoir une *love affair* avec elle. Elle aurait eu tellement de trucs à me raconter, à m'apprendre...

Connement, j'ai lancé moi-même un *buzz* à ce sujet sur le net pour faire croire qu'on était ensemble. Je me suis teint en blond pour ressembler à Paul Bernardo jeune. Sur Wikipédia, j'ai mis que Karla filait désormais le parfait amour avec Luka Magnotta. J'ai aussi publié une photo de moi avec un bébé, et laissé planer le doute… Était-ce le nôtre ? Après, j'ai posté un clip à la mémoire de notre bébé, soi-disant décédé…

Oui, je suis le romancier de ma propre *life*. Le pitch, c'est : dites du bien, dites du mal, l'important est que vous parliez de moi !

J'ai commencé par accorder une interview à la radio sur *Coast to Coast AM*, avec Rollye James, pour nier toute relation avec Karla, disant que c'était un des racontars lancés par des personnes qui m'en voulaient. C'est là que Joe Warmington, du *Toronto Sun*, m'a entendu et a cherché à me joindre, *via* Internet. J'ai accepté et lui ai donné rendez-vous chez moi, mais je crois qu'il a eu un peu peur… Il préférait que je vienne au journal.

Je me suis pointé au bureau du *Toronto Sun* et j'ai demandé à parler à Joe Warmington. J'étais encore derrière le comptoir d'accueil du journal quand je me suis mis à pleurer :

– Pour être franc avec vous, ma carrière est en train de se casser la gueule…

– *Tout ça à cause des rumeurs disant que vous sortez avec Karla Homolka ?*

– En fait, ces rumeurs sont en train de bousiller ma vie. Je reçois des menaces de mort, mon adresse a été publiée sur le net, j'ai dû déménager… Je veux qu'on me rende mon loulou de Poméranie, on me l'a enlevé alors qu'il était dans mon 4 × 4. Je vais bientôt faire une dépression, car ma réputation est totalement par terre. Je veux que les choses soient claires pour tout le monde : Karla et moi, nous n'avons absolument aucune relation. Je vais passer des castings, je vais voir des agents : ils savent qui je suis, c'est connu de tous, c'est absolument partout ! Au début j'étais strip-teaseur, puis j'ai commencé à faire des films pour adultes. Je n'ai pas honte de faire ce genre de films ; par contre, j'ai des problèmes avec les gens qui en envoient à ma famille...

JOE WARMINGTON : « Je ne me souviens plus si, oui ou non, j'ai cru Magnotta. Ce que j'avais cru comprendre, c'est qu'effectivement Karla Homolka, à sa sortie de prison, avait été accostée dans un bar par un homme qui ne savait pas qui elle était et qu'il l'avait ramenée chez lui. Il s'était retrouvé bouleversé lorsqu'il avait appris qui elle était... Mais de là à dire que cet homme était Magnotta... Je ne pense pas qu'il ait eu une relation avec elle, je le voyais plutôt comme quelqu'un de dérangé, peut-être drogué, un individu étrange vivant dans sa bulle. Mais pas comme quelqu'un qui pouvait faire du mal à une autre personne. Il était très maigre et semblait ailleurs. Il marchait mécaniquement, comme s'il était sous l'empire de la drogue. On pouvait voir à travers ses pupilles, qui étaient très dilatées...

Mais il est malin : il a créé la rumeur Homolka, puis il a créé le déni de cette rumeur : c'était une façon très intéressante d'attirer notre attention, à la radio, à la télévision et bien sûr sur Internet. À la fin, les gens ont suivi son cinéma. Il a agi comme ça pendant des années. Idem pour sa manière de se comporter, son allure, les rumeurs comme quoi il était une "star du porno". Personne n'a jamais prouvé ça, et à mon avis il travaillait plutôt comme gigolo pour une certaine clientèle – plus âgée, je pense, et homosexuelle. Je ne sais pas si lui-même est homosexuel, mais ça n'a pas d'importance. Ce qui est important, c'est le risque qu'ont couru ses clients pendant si longtemps sans le savoir. Ça doit faire étrange, à présent, à ceux qui l'ont payé pour ça, ou à ceux qui sont sortis avec lui : ils doivent penser qu'ils l'ont échappé belle !

C'est certainement un des individus les plus étranges que j'aie jamais vus. Il m'a fait peur, je dois l'avouer ; ce n'est pas quelqu'un avec qui, moi ou le photographe, nous voudrions traîner trop longtemps. Mais, dans le même temps, il était très doué pour qu'on éprouve de l'empathie pour lui ; nous avions sincèrement de la peine pour lui. C'est un personnage pathétique, mais qui n'était pas déplaisant. Il me faisait l'impression d'une âme égarée, peut-être en cure de désintoxication. Il avait l'air d'une personne qui traverse une sorte d'épisode paranoïaque et je lui ai dit qu'un psychiatre ou un expert serait indiqué pour lui. Nous avons passé des coups de fil. Je n'ai plus eu de contact avec lui, après ça. Je n'ai même jamais repensé à lui, jusqu'à ce que je voie ma boîte mail remplie d'articles à propos de Luka Magnotta. Je n'en ai alors pas cru mes yeux…

Ma première réaction a été de la tristesse pour la victime, bien sûr, mais aussi du dégoût pour le fait que quelque chose comme ça puisse venir d'un être humain, s'agissant en particulier d'un garçon avec qui j'avais été en contact cinq ans plus tôt ; c'est très choquant.

Je me suis demandé si, même en lui ayant parlé cinq ans avant le meurtre, j'aurais pu faire quelque chose. Mais non, il était en plein délire, il avait besoin d'attention, de beaucoup d'aide. J'avais même appelé son agent, qui m'a dit de ne pas m'en faire pour lui : "C'est un bon garçon, il vit dans son monde, mais il n'est pas dangereux." Luka Magnotta recherchait l'attention. Il voulait désespérément devenir célèbre, se faire remarquer de la communauté des internautes, via *les nouveaux médias d'aujourd'hui où chacun peut poster ses propres photos et vidéos, se créer des personnages, etc. Sûr que ça a renforcé son délire.*

C'est le premier meurtrier présumé du New Age, et il y a probablement des problèmes mentaux en jeu ici, il n'a peut être pas conscience de ses actes ; laissons le système judiciaire rendre son verdict, mais le fait qu'il ait pu faire tout cela (prendre l'avion juste après, partir pour Paris) est incroyable. Ça pose un sérieux problème de sécurité. Il a pu vagabonder dans Paris, y rencontrer des gens, les mettre en danger, puis repartir pour l'Allemagne. On peut voir, à la manière dont il s'est fait prendre, qu'il n'avait pas de stratégie de fuite, je pense qu'il cherchait à se faire prendre, qu'il essayait d'appâter la police, et là celle-ci a fait son travail. Mais les choses vont changer et la police doit y prêter davantage attention, penser et réagir de façon plus moderne, car les criminels, eux, sont ultramodernes. Je veux dire qu'il y a des vies en jeu quand les gens appellent la police pour signaler un snuff movie *et qu'on leur dit d'aller se faire voir ailleurs : on peut se demander à quoi joue la police.*

Pendant tout le temps de sa cavale, Magnotta alimentait encore et toujours sa "légende", celle de son personnage sur Internet, il postait des messages sur Twitter, envoyait des vidéos de lui et des e-mails. Pour ma part, j'en ai reçu de très étranges envoyés depuis l'Europe. Des e-mails qui me demandaient "si j'avais appris, pour Lucas Magnotta". Quelqu'un voulait me rencontrer, et ça venait d'Europe. J'ai répondu, pour voir, mais je n'ai jamais eu de retour, et je n'ai pas pu retracer les mails. Personne ne pourra le prouver, il n'y a pas d'enquête là-dessus, mais je suis certain que Magnotta en était l'auteur. »

CHAPITRE 16

Encore un peu de XXX baise hardcore

Il n'y a rien de mal à accepter les avances de tous les hommes tant qu'elles sont en liquide...

Luka Magnotta @Luka_Magnotta

Chaque fois que je veux baiser avec mon mec, je peux pas... Il y a TOUJOURS un truc qui survient... Nous n'avons baisé que deux fois et il ne m'a même pas fait jouir. Mon cul a besoin d'une grosse bite.

J'étais dans le bus de Santa Monica, je rentrais chez moi après avoir été au *Viper Room*, et mon ex-copain m'appelle depuis un numéro privé. Quand j'ai répondu, il a fait style « hey-oh », puis le téléphone est mort. Et là, je me suis dit : « C'était pas Dallas, ça ?!?! » La voix ressemblait pourtant à la sienne. Deux minutes plus tard, je reçois un deuxième coup de fil, l'affichage du téléphone me dit que c'est en provenance d'un téléphone payant. Je fais style « hello ? », et lui, il fait « Oui, c'est moi, Dallas… » Je fais : « C'est toi qui m'as appelé, avant ? », et lui répond : « Oui, mais ma batterie est morte ! » Et là, il me demande si je veux le voir ce soir, et moi je réponds : « Bien sûr ! »

Il me dit de descendre à Westwood et qu'il sera là à m'attendre dans sa voiture. Donc, je suis descendu du bus et lorsque j'ai tourné la tête, il m'a tout de suite aperçu et a commencé à me faire des signes de la main. Je me suis approché et il m'a dit de monter dans la voiture. Nous nous sommes tenus par la main comme Roméo et Juliette pendant qu'il conduisait. Vous ne trouvez pas ça romantique ? LOL.

Alors je lui fais style « hey, Dallas, où il est, mon baiser ? » Et lui m'en donne un. Il n'arrête pas de parler de mes lèvres, me demande si j'ai fait quelque chose, des injections, car elles lui paraissent plus grosses. Je lui dis : « Oui, je l'ai fait quatre fois, mais c'était en novembre 2007. » Il me demande ce qu'il y a à l'intérieur. Je lui réponds : « Du sperme, quoi d'autre ? » Ça l'a fait marrer. Pour résumer, je voulais vraiment l'amener chez moi, comme je l'ai fait la dernière fois, mais je n'ai pas pu, parce que mon père était encore réveillé. Oh, merde ! Merde et merde et merde et merde ! Donc, je suis ressorti et j'ai dit à Dallas : « Je suis désolé, je ne peux pas t'inviter à l'intérieur, il est encore réveillé : peut-être la prochaine fois ? »

Je suis tellement déçu, putain ! J'avais vraiment envie de m'envoyer en l'air avec lui, cette nuit, de sucer sa grosse bite d'Italien et d'avaler tout son sperme, et de faire encore un peu de XXX baise hardcore ! Je lui ai envoyé un SMS en lui disant que la prochaine fois, nous prendrions du bon temps, et en lui demandant de me passer un coup de fil lorsqu'il serait chez lui.

Vous savez, il a arrêté la drogue, maintenant, il semblait *straight*. Il s'est comporté normalement, ça changeait. Il n'avait pas l'air de planer. Il m'a dit qu'il ne voulait plus jamais toucher à cette merde de coke. Les gars, vous ne pensez pas que c'est une bonne chose, que lui et moi nous sortions à nouveau ensemble ? Je suis si heureux, en ce moment, j'ai envie de crier de joie ! Il me manque vraiment beaucoup, je suis content qu'il ait pensé à moi, ce soir, et qu'il m'ait appelé. Je vous tiendrai au courant de la suite du soap opera *Luka et Dallas* !

Dallas travaille dans le bâtiment, il vit avec des colocataires masculins mais hétéros, sur Pacific Palisades. Je suppose que c'est pour ça qu'il faisait profil bas, qu'il n'avait aucune envie de m'inviter chez lui. Il ne voulait pas qu'ils découvrent son petit secret : qu'il aime les filles avec des bites. De toute façon, la plupart des hommes qui aiment les travestis se montrent très discrets à notre propos, je n'en suis pas du tout surpris. Il aurait dû m'emmener dans un motel pas cher ou quelque chose dans le genre. Lorsque nous étions dans la voiture, pendant qu'il me reconduisait chez moi, j'ai mentionné un client régulier que je vois souvent et qui me paie beaucoup d'argent pour pisser dans sa bouche, et qui boit tout. Quand j'ai dit ça à Dallas, il a pris un air dégoûté. Quoi qu'il en soit, il semblait jaloux, il faisait genre : « C'est quoi, déjà, son nom ? Où il vit, à quoi il ressemble, ce pourri ? »

Je lui dis : « Relaxe, c'est pas comme si j'étais amoureux de lui, pas comme avec toi. C'est juste un putain de boulot, il me paie beaucoup d'argent pour faire ces trucs-là avec lui. »

La plupart des mâles italiens sont comme ça, très possessifs, jaloux et protecteurs. Là-bas c'est très répandu. Un ami m'a suggéré de lui demander de me payer 200 dollars pour le sexe, la prochaine fois qu'il m'appellera. D'ailleurs, les seules fois où il m'appelle, c'est toujours pour du sexe, rien d'autre. Donc, il ne me traite pas du tout comme si j'étais sa petite amie, plutôt comme un sex-toy discret qu'on planque en haut d'une étagère.

Il pourrait au moins me sortir pour dîner ou m'emmener au cinéma, ce serait cool. Je suppose que c'est vrai, ce qu'on dit : les beaux mecs ont droit à un traitement spécial. Parce que, s'il était laid ou moyen, je ne lui aurais jamais accordé une seconde chance.

Dallas, c'est mon ex. Mais la plupart de mes aventures se jouent sur le net. Je balance des messages comme celui-ci :

> « Hey, je suis un très beau gosse d'une vingtaine d'années et je cherche un maître dominateur qui saura me donner une bonne leçon, genre qui ne s'oublie pas de sitôt. J'aime être violé par voie anale, de façon brutale, par un ou plusieurs hommes. J'aime être obligé à boire de l'urine et à manger de la merde, j'aime aussi

être passé à tabac jusqu'à ce que je ne puisse plus bouger. Donc, plus vous êtes costauds, mieux ce sera. Je ne veux pas de *losers* ou de peureux qui n'iront pas jusqu'au bout... Vous devez être très agressifs, avoir de grosses pulsions perverses, comme moi.

« J'aime aussi avoir les mains attachées, être conduit en voiture dans des endroits éloignés, puis être abandonné dans le noir sans savoir où je me trouve... Si vous voulez en plus que je sois nu, c'est bien : j'adore. Après, une fois que je serai rentré, on pourra discuter de ce qui s'est passé, et en rire ensemble !

« J'adore être saoûl, et lorsque je serai tellement bourré que je ne tiendrai plus debout, là vous aurez TOUT contrôle sur moi. J'ai un joli petit cul qui attend d'être violenté.

« Envoyez-moi un message, si vous êtes sérieux, mais ne me faites pas perdre mon temps... »

Forcément, j'ai eu plein de réponses. Bref, si Dallas ne me fait pas jouir, les clients, eux, s'en chargent.

CHAPITRE 17

Je suis toujours leur secret honteux

> Rappelez-vous comme il est difficile de se changer soi-même, et vous comprendrez le peu de chances que vous avez de faire changer les autres.
>
> **Luka Magnotta** @Luka_Magnotta

Des petites annonces, j'en ai passé aussi sur des sites de rencontres plus « normaux ». Mine de rien, je suis un sentimental, toujours disponible au rayon « Amour ».

Forcément, le ton y est quand même plus soft. Je me présentais comme suit :

> « Luka Rocco Magnotta. Né à Scarborough, Ontario, Canada, de parents russe et italien. A fréquenté l'Université de Toronto avec une spécialisation en Droit, diplômé en psychologie criminelle et criminologie du Collège Thomson. Vit aujourd'hui aux Bahamas avec sa femme et son fils. *(Clin d'œil à Karla !)*

« Mon rêve : fréquenter enfin des personnes intelligentes qui ne jugent pas. Garder mes distances vis-à-vis des personnes immatures qui ne font que sortir en boîte, boire et fumer. Me lier avec des personnes qui ont des objectifs dans la vie, qui voudraient construire leur vie avec moi. Qui ne m'excluent pas, ne me planquent pas, ne racontent pas à leurs amis que je ne fais pas partie de leur vie. J'aime jouer au tennis, au golf, au basket et au volley. J'aime beaucoup nager et passer du temps avec des personnes qui ont de vrais sentiments pour moi et ne m'utilisent pas seulement lorsqu'elles en ont besoin…

« C'est toujours quand on se rend compte qu'on est amoureux de quelqu'un que cette personne décide de tout foutre en l'air. Parfois, je pense que les gens ne tombent amoureux que parce qu'ils trouvent excitante l'idée de “conquête”… Ils aiment le défi, ils disent vouloir entamer une relation amoureuse, mais, une fois qu'ils ont réussi à remplir leur “mission”, ils vous laissent tomber.

« Je crois aussi que certaines personnes ne sont pas à l'aise dans leur peau. Elles vont vivre dans le mensonge toute leur vie. J'en ai vraiment marre de ces gens qui mentent constamment et qui se cachent. Je veux une vie normale !

« Je sais qu'il y a des zones d'ombre dans mon passé, mais ce que je désire le plus, ce serait une relation sérieuse avec quelqu'un qui m'aimerait pour ce que je suis… En retour, je l'aimerais plus que quiconque. C'est trop demander ? »

Oui, je craquais... J'étais vraiment dingue de me sentir éternellement relégué de côté par mes petits copains.

Caché, planqué, au placard quoi ! Le “bi” du placard, le honteux secret sur pattes…

Le menteur, d’abord. Lui, était escort-boy comme moi. À chaque coup, c’était pareil : c’est juste quand je commençais à penser que je pouvais enfin lui faire confiance qu’il m’inventait un nouveau mensonge. Voilà le topo :

Il y avait une fête d’anniversaire pour son ami M. Je l’ai su parce que M. a laissé un message sur le portable de mon copain, disant « Je fête mon anniversaire chez moi avec quelques amis, VIENS AVEC QUELQU’UN, SI TU VEUX… »

Donc, mon copain m’appelle et me dit comme il fait toujours : « Dis, Luka, je vais peut-être, *peut-être*, aller à un anniversaire, ce soir. Je vais voir si je peux amener quelqu’un, et si c’est possible, ça ne me dérange pas que tu viennes : j’en ai envie aussi…»

Vous voyez, mon copain, c’est un mec marrant. Il me demande si je veux passer… Pour qu’après je ne sois pas fâché qu’il ne me l’ait pas demandé. Et pourtant il va décider du point de savoir s’il ira ou pas en fonction de MA réponse. Il espère bien que je vais dire non pour amener un autre de ses copains sans culpabiliser pour ne pas me l’avoir demandé. Parce qu’il a honte de moi. Mais il n’a pas le courage de l’admettre, à moins qu’il n’ait aussi honte vis-à-vis de lui-même.

Il aurait dû me dire : « Je vais peut-être, *peut-être*, aller à un anniversaire, ce soir, je voudrais vraiment y amener un pote, parce que M. m’a dit que je pouvais. Je t'emmènerais bien, mais tu es trop bizarre : désolé ! »

Au moins il m'aurait dit la vérité. *Je le gêne*. Aussi, quand il m'a appelé la première fois, il m'a dit : « Je ne connais pas tous les détails du programme, on n'en a parlé que quelques minutes… » MAIS IL N'A MÊME PAS PARLÉ DU TOUT, puisque c'était un message vocal contenant toutes les informations… Il savait depuis le début qu'il pouvait amener un ami. Alors, pourquoi mentir, BORDEL ? Pourquoi dire : « Je vais voir si je peux amener quelqu'un » ???

Réponse : pour faire comme s'il me demandait de venir alors qu'il n'en a VRAIMENT pas envie.

Malgré tout, j'ai vu clair dans son jeu et l'ai mis au pied du mur. Je lui ai dit : « OK, je viens avec toi ». Et il s'est alors super énervé et m'a CARRÉMENT dit : « Luka, je dois savoir si TU y vas pour savoir si moi j'y vais ou pas ! »

LOL… il s'est vraiment fait avoir, là !

Bien sûr, il est revenu sur sa décision, parce que « personne n'est parfait ».

Je suis convaincu qu'il ne voulait pas que je le suive à cet anniversaire, parce qu'il voulait demander à un autre ami de l'accompagner et qu'il n'avait pas le courage de me dire que son autre ami allait venir le chercher pour l'y conduire… Ou qu'un de ses amis allait y être et aurait été bien embarrassé de m'y voir.

D'emblée, j'ai pu discerner qu'il ne voulait vraiment pas que je vienne avec lui. Même s'il l'avait demandé. Je l'ai deviné à son ton. Il m'a juste demandé de « rester dans les convenances ». C'est vraiment consternant. Ou alors, il culpabilise… De me traiter comme de la merde en public. Il ne voulait pas faire ça au cours de cette soirée… C'est dur, de vivre dans le mensonge et de passer sa vie à intriguer comme ça, non ? À la fin, il a lâché : « Je vais donner l'argent du cadeau d'anniversaire à ma mère, à la place » – et il n'y est pas allé…

Il m'a dit aussi encore et encore qu'il détestait mon ami Alex. Il me fait chier en permanence à cause de ce que mon ami m'a donné de l'argent PARCE QUE J'AVAIS AIDÉ SA SŒUR. OUI, J'AI AIDÉ SA PUTAIN DE SŒUR ! IL M'A DONNÉ DE L'ARGENT ET UN BRACELET PARCE QUE J'AI AIDÉ SA SŒUR !!!

Donc mon cop' était super jaloux et n'arrêtait pas de me faire chier et de me répéter : « Les amis, ça donne pas d'argent. » Il n'arrêtait pas de ressasser : « C'est suspect. » Il m'a forcé à ne plus parler à mon ami Alex, ça m'a vraiment fait BEAUCOUP de mal. J'ai perdu un très bon ami, et ça m'a travaillé pendant des mois. Alex était vraiment bien avec moi.

Mon copain me dit la semaine dernière que SON ami à lui, B., venait de l'appeler EN PLEINE NUIT… LUI A PAYÉ LE TAXI et LUI A DONNÉ… LUI A REFILÉ 300 dollars pour RIEN… POUR RIEN DU TOUT… Parce que son cop' était vraiment « un bon ami » il lui a refilé 300 dollars et ça n'est pas suspect ? LOL, SALE HYPOCRITE !

Maintenant, au moins, au bout de huit mois, il m'écoute. Il est avec moi quasiment tous les jours. J'adore et ne me plains pas, mais il a laissé entendre qu'on passait trop de temps ensemble et qu'à force, on se tapait sur les nerfs. Ce qui n'est pas faux.

Maintenant, il voit ses amis deux fois par semaine. Comme moi.

Il a essayé de me comprendre et de m'intégrer à la vie qu'il mène avec ses amis, mais tout s'est retourné contre moi quand ils ont découvert que j'étais bisexuel. Ça n'est pourtant pas une maladie... Ils ont simplement peur des bisexuels, c'est tout. Donc, maintenant je n'ai même plus le droit d'être là quand il est avec ses amis.

Je n'arrive pas à comprendre... POURQUOI il ne leur dit pas : « Luka est mon ami, et je passe du temps avec Luka. Si VOUS voulez, passez du temps avec NOUS ! » Si ses amis voulaient vraiment le voir, ils passeraient du temps avec NOUS.

Mais mon copain a peur que ses amis découvrent qu'on sort ensemble et qu'on n'est pas juste amis.

OK, je peux comprendre qu'à cause de mon mode de vie, il n'y a aucune chance que mon copain et moi passions du temps avec ses amis à lui. On ne peut pas forcer les gens à m'aimer, c'est comme ça. Malgré tout, mon copain aurait dû mettre les choses au clair. Il passe du temps avec moi, je ne m'attendais pas à ce qu'il dise qu'on sort ensemble, mais qu'il reconnaisse à tout le moins qu'on est amis.

C'est ça qui me dérange vraiment. Je cherche peut-être la petite bête ? Mais il faut bien que je m'exprime, et il déteste quand je parle de notre relation. Donc, je parle à ce putain de blog.

Mon problème, c'est qu'il rassemble ses amis autour de SA FAMILLE, et sa famille, là, n'est pas contre… En revanche, j'ai l'impression de ne pas être assez bien pour être présenté à sa mère et à son cousin… Alors que SES AMIS, oui ! Il les amène tout le temps chez sa mère ou à l'anniversaire de son cousin. Alors que moi… JAMAIS ! Il pense que je suis trop bizarre, ou que son cousin ne va pas m'apprécier. Va savoir...

S'il avait le courage de dire à tout le monde : « Luka est mon ami, j'entends bien passer du temps avec lui, et tant pis pour vous ! » C'EST ÇA qui m'énerve : être exclu de sa vie.

Il dit que je suis la personne la plus importante de sa vie, avec sa mère, et pourtant il ne me présente même pas à elle… Même quand elle veut me rencontrer ! L'autre jour, elle voulait sortir me dire bonjour, j'étais dans la voiture, mais mon copain m'a fait faire le tour du pâté de maisons et l'attendre à l'arrière… Et puis il a appelé un TAXI… pour le déposer à une minute de là !!! Tout ça parce qu'il pense que sa mère va découvrir, rien qu'en me voyant, qu'il est gay… !

Mais POURQUOI, POURQUOI, POURQUOI, quand il passait tout son temps avec son connard d'ami d'avant, sa mère ne se doutait-elle de rien ? Pourquoi ? Est-ce qu'elle a dit : « Pourquoi est-ce que tu passes tout ton temps avec... ? » NON ! Mais mon copain me prend pour un imbécile… S'il ne veut pas que je rencontre sa mère, c'est UNIQUEMENT parce qu'il trouve que j'ai trop l'air gay.

Chéri, si tu lis tout ceci… Désolé d'avoir mis mes sentiments sur le clavier, je n'ai pas cité ton nom, et personne ne peut deviner qui tu es, alors ne monte pas sur tes grands chevaux. Il fallait que ça sorte, voilà tout. Si je ne peux pas parler à mon copain, alors QU'EST-CE QU'IL ME RESTE À FAIRE ? Tu ne m'écoutes pas, tu m'interromps tout le temps, tu me gueules dessus. Et puis tu fais la tronche, tu ne veux plus parler, et ça me frustre.

GRANDIS ! Je t'aime tellement, pourquoi écrirais-je ça, autrement ?

Je veux juste que tu saches où en est ma vie… Je ne sais pas où elle me mène, et ça me fait peur. Je ne sais absolument pas où nous en serons, dans un an, et ça me fait peur. J'ai besoin qu'on me rassure, qu'on se parle, tous les deux, j'ai besoin qu'on ait des buts dans la vie… Ça marche ?

J'AI BESOIN D'UN HORIZON pour NOUS DEUX…

Souviens-toi, j'ai quitté TOUS CEUX que tu m'as demandé de quitter… Et ça fait mal de voir que tu ne fais pas de même pour moi. Je suppose que c'était juste des MOTS. Tu as beau dévider ton baratin à tous mes amis, mais quand il faut assumer… tu es mort de trouille !

Il va falloir que tu tiennes tête un jour à tes amis, non ? Ou alors, tu penses que ça n'arrivera jamais ?

Est-ce qu'on sera ensemble, toi et moi, un jour ENSEMBLE, tranquilles, juste nous deux ? J'adorerais ça… Mais je ne pense pas que TA vie te le permettra… Moi, j'ai fait le grand saut, et maintenant c'est ton tour.

CAR NE PAS VOIR TES AMIS TOUS LES JOURS, ÇA N'EST PAS, PAS, PAS, DU TOUT LA MORT ! Si tu penses le contraire, c'est que t'as un problème… Dans tous les couples il faut y passer… Donc, ENCORE UNE FOIS, c'est à TOI de sacrifier quelque chose. Des sacrifices, moi, j'en ai fait PLEIN :

– J'ai laissé tomber mes amis !

– Et ma carrière (oui, je sais, que tu le veuilles ou pas, je l'ai fait pour toi…).

– Et mon style de vie : je pouvais faire tout ce que je voulais, quand je voulais, j'étais financièrement indépendant.

– J'ai emménagé dans TON quartier.

– Je t'ai conduit au bureau tous les matins, même quand j'étais complètement crevé et que j'avais un jour de repos.

– Je me suis plié en quatre pour te rendre service.

– Je t'ai amené à des réunions.

– Je me suis obligé à coucher avec des mecs dont je n'avais pas envie, soi-disant pour pimenter notre relation.

– J'ai dû être l'ami caché au fond du placard, être ton petit secret honteux…

– Je n'ai jamais pu passer une seule nuit avec toi.

– Et tu m'as trompé, au début.

Oui, ma vie fait aussi partie de notre couple. J'ai un passé trouble, OK, et public, par-dessus le marché.

J'ai été un dépravé. Et quoi d'autre encore, hein ???

Oui, nous sommes gays TOUS LES DEUX, et tu devrais renoncer à l'espoir d'avoir jamais une famille ! Je sais, c'est mignon, mais tu te vois disant plus tard à ta femme : « Je ne me sens pas très bien, depuis que j'ai dû renoncer aux HOMMES ? » NON ! Tu ne le feras pas, alors ARRÊTE de me dire que tu as renoncé à avoir une vie de famille, parce que MOI AUSSI !

Si tu m'aimais vraiment, tu ne penserais JAMAIS à ça. Tu veux donc vivre toute ta vie dans le mensonge ? Je ne peux pas le croire…

Et ne va pas penser qu'être dans une relation homosexuelle n'est pas normal. ÇA L'EST, et des millions de gens sont gays et vivent en couple… Tu PEUX vivre une vie NORMALE, si tu veux, et tu la VIVRAS avec moi… Ça ne plaira pas à tout le monde, mais ceux qui t'aiment l'accepteront… Sinon, qu'ils aillent se faire foutre !

La vie, c'est des actes.

Et si tes débiles de copains lisent ça, je leur dis : ALLEZ VOUS FAIRE FOUTRE, FAUX CULS, FAUX CULS, FAUX CULS !

C'est toi ? C'est toi qui as parlé de moi, à la télé, avec le visage flouté et la voix transformée ? Les médias n'ont trouvé qu'un seul témoin… Si c'est toi, je ne te dis PAS merci !

TÉMOIGNAGE ANONYME : « Je ne pense absolument pas qu'il était un tueur-né. Il a ri avec moi, nous avons ri ensemble, il a pleuré… Je ne pense pas qu'il soit né pour être un tueur. Mais, à cause de certaines circonstances de sa vie, il a pu être tour à tour dissimulateur, manipulateur, charmant et maintenant meurtrier. »

CHAPITRE 18

Manny

> Se souvenir des choses passées, ce n'est pas forcément se souvenir des choses telles qu'elles étaient réellement.
>
> **Luka Magnotta** @Luka_Magnotta

Arrivés là où on en est, celui qui commence à manquer au tableau et qui ferait bien de se manifester, c'est Manny !

Il est où, Manny, maintenant que je suis dans les ennuis ? Je vous ai déjà parlé de Manny, n'est-ce pas ?

Je l'ai d'abord eu comme client. Puis j'ai commencé à ne plus pouvoir m'en passer. Alors il a vraiment envahi ma vie. Je suis devenu son esclave.

À ce moment-là, j'étais parti à New York et j'étais en relation avec Romeo Salta, l'avocat, pour les histoires de chats… Mais ce qui me terrifiait alors le plus, c'était pas les flics ou les gros bras tatoués des ligues de défense, c'était Manny. J'avais vraiment très peur de Manny… J'ai fourni à Salta la liste détaillée des abus subis sous son emprise :

1/ me faisait boire de l'alcool alors que j'en avais pas envie,

2/ m'obligeait à fumer de la marijuana,

3/ m'obligeait à regarder des émissions que je n'avais pas envie de regarder, et me battait lorsque je changeais de chaîne,

4/ m'a dit que si j'allais voir un médecin, il me tuerait, qu'il était toujours dehors en train de me surveiller,

5/ m'a étranglé de ses mains et avec du fil électrique,

6/ m'a piqué avec la pointe d'un stylo et avec un crayon,

7/ m'a tailladé avec un couteau parce que je refusais d'embrasser ses pieds,

8/ m'a tapé sur la tête avec un flacon de laque pour cheveux,

9/ m'a tenu la tête sous l'eau dans une bassine,

10/ m'a frappé avec son trousseau de clés,

11/ m'a obligé à boire son urine et à manger sa merde,

12/ m'a craché au visage et sur mon T-shirt Versace,

13/ m'a obligé à me raser tout le corps, puis m'a tailladé avec le rasoir,

14/ a fermé violemment la porte du frigo sur ma main,

15/ m'a obligé à manger des morceaux d'animaux,

16/ m'a frappé à coups de pied dans les parties génitales,

17/ m'a obligé à avoir des rapports sexuels avec son chiot et de nombreux chats,

18/ a acheté des vers et m'a obligé à les manger,

19/ m'a violé de nombreuses fois par voie anale et orale,

20/ a enveloppé cent pour cent de mon corps dans une pellicule de plastique, puis a fait un trou et a éjaculé dans ma gorge en m'étouffant avec son sperme,

21/ me faisait couper ses ongles et, si je m'y prenais mal, me passait à tabac,

22/ m'insultait verbalement et m'abreuvait de mots horribles : salope, porc, pute, tapette...

23/ m'a dépouillé de toute dignité et m'a fait me sentir seul et coupé de tout,

24/ m'a obligé à avoir une relation sexuelle orale avec une inconnue alors même que j'avais toujours refusé,

25/ m'a attaché avec du ruban adhésif et m'a obligé à écouter ma chanson préférée, *Patience*, à plein volume, pendant qu'il m'enfonçait son poing dans l'anus,

26/ m'obligeait à lui laver les dents et à lui passer le fil inter-dentaire,

27/ me fouettait avec mon chargeur de téléphone,

28/ m'obligeait à avoir des relations sexuelles avec lui alors que j'étais au téléphone avec ma mère ou ma sœur,

29/ a tué un de mes chats en lui marchant sur la tête,

30/ m'a dit que je lui appartenais et que je devais avoir des rapports sexuels avec lui à tout moment, au gré de ses envies, et que si je refusais il me tuerait, et les membres de ma famille avec, car il m'a dit avoir leurs coordonnées,

31/ m'a obligé à lui écrire des douzaines de lettres d'amour et à me filmer en train de dire que je l'aimais,

32/ m'a obligé à boire un breuvage inconnu, j'ai perdu connaissance et lorsque je me suis réveillé, j'avais des bleus partout et pouvais à peine bouger,

33/ disait qu'il connaissait des détectives privés qui allaient me rattraper et me tuer si je venais à disparaître,

34/ si je ne pratiquais pas la fellation comme il lui plaisait, il m'arrachait les cheveux et me frappait,

35/ quand il arrivait chez moi, il fallait que je sois nu ; si je ne l'étais pas, il me battait,

36/ une fois, il m'a conduit de nuit à Central Park où il m'a obligé à lui lécher l'anus en public,

37/ disait que si je ne le regardais pas dans les yeux pendant le sexe, il allait me découper les paupières, et si je clignais des yeux, il m'insérait son pénis dans le rectum de façon douloureuse,

38/ si je ne portais pas le bon parfum (*Dolce e Gabbana*), il me faisait manger du savon et m'appelait sale pute,

39/ il fallait que je lui expose chaque détail de ma vie sexuelle, et si je ne le faisais pas, il me frappait au visage,

40/ si je ne l'appelais pas *Maître*, il m'obligeait à m'accroupir dans une armoire avec un sac en plastique sur la tête,

41/ j'ai été obligé de m'habiller et me maquiller en femme, il a pris des photos et des vidéos, et quand je lui demandais de ne pas le faire, il riait,

42/ malgré mon refus, il m'a obligé à avoir des rapports avec un homme de couleur pourvu d'un énorme pénis...

L'avocat m'a écouté, il m'a pris 300 dollars et on s'est quittés comme ça. Ensuite je lui ai envoyé pas mal de mails pour essayer de l'intéresser à ma situation, laisser des traces pour le cas où ça finirait mal pour ma petite gueule... Depuis, je sais que maître L., mon avocat canadien, lui a donné l'ordre de se taire et de ne pas parler de Manny. En attendant le procès.

Salta, je l'ai relancé plein de fois :

« Manny est encore devant chez moi, il m'a aussi appelé. J'ai aussi su que mon affaire d'animaux fait l'objet d'une enquête du FBI, et que de nombreux journalistes travaillent sur mon histoire... Aussi, je te donne le numéro de téléphone de ma mère pour le cas où je serais arrêté...

Sur Facebook, elle a reçu beaucoup de messages de gens qui avaient besoin de "parler d'urgence avec Luka". Moi aussi, j'ai reçu des messages de gens qui disaient être des officiers de police. J'ai dû aussi fermer mon compte, car pas mal d'informations privées m'ont été piratées. »

Puis :

« Salut Romeo,

Je m'excuse pour tout ce tintouin. J'ai essayé de t'appeler, mais je n'ai eu que ta messagerie. Je vais donc te donner un petit aperçu de ce qui m'est arrivé.

Manny m'a emmené hors de Manhattan. J'ai appelé le 911 et je leur ai dit qu'il essayait de me kidnapper. Ils ont pris l'appel le dimanche 15. Je ne comprends pas pourquoi ils n'ont pas pris ça au sérieux et n'ont pas commencé à me rechercher. À cause de ça, j'ai encore été violenté. Il m'a amené à Miami et m'a fait boire une bouteille de *Gatorade* bizarre, et je suis tombé dans les pommes. Je me suis réveillé dans un club où il m'a obligé à avoir des rapports sexuels avec deux autres personnes.

Est-ce que je peux porter plainte contre la police de Manhattan parce qu'ils ne m'ont pas cru, pas porté disparu ? Je leur avais donné mon nom, et tout. Je me suis réveillé sur une plage, le jour d'après, j'étais comme brûlé, avec des douleurs dans le rectum, je vomissais sans arrêt, je ne pouvais presque plus marcher.

J'ai appelé le 911 et déclaré tout ça à Miami Beach (la police de South Beach), mais eux non plus ne m'ont pas pris au sérieux. Ils sont devenus agressifs alors qu'ils m'interrogeaient, j'ai dû leur rappeler que j'avais besoin de soins, suite à mon viol.

Lorsque je suis arrivé au Mount Sinai Hospital de Miami, ils ont fait des tests et ont remarqué que j'étais dans un état second. Ils m'ont demandé pourquoi… Je leur ai expliqué que j'avais été drogué et violé. Eux non plus ne m'ont pas pris au sérieux. Ils m'ont placé dans leur aile psychiatrique pendant vingt-quatre heures. Je leur ai expliqué que je ne souffrais d'aucune maladie mentale, que je ne prenais aucune substance, que je ne constituais pas une menace pour moi-même. Ils m'ont quand même gardé.

Du coup, j'ai déposé plainte contre l'hôpital en disant que j'étais maintenant DOUBLEMENT victime, car personne ne croyait que j'avais été violé, et, en plus de ça, on m'avait mis chez les fous. J'ai déposé plainte aujourd'hui sur la main courante de l'hôpital.

Maintenant, l'hôpital m'a conseillé de retourner voir la police de Miami South Beach pour déposer une plainte officielle. Je ne peux pas croire qu'ils n'ont pas pris ça au sérieux, ce qui m'est arrivé à l'hôpital est leur faute. Le service psychiatrique m'a relâché au bout de vingt-quatre heures en me disant que j'étais en sécurité et que rien ne clochait chez moi…

La police doit me prendre au sérieux et cesser de faire comme si j'avais tout inventé. À cause de son attitude, j'ai été violé. Je veux simplement porter plainte et revenir à Manhattan, en finir une fois pour toutes avec ça. J'ai encore de l'argent pour toi, et je pense que nous devrions aller trouver la police au plus tôt.

Merci,

Luka.

P.S. : ils ne m'ont même pas cru pour les autres abus, alors que je leur ai dit que j'avais des photos. Ce mec-là est dangereux, et si jamais quelque chose devait m'arriver, je veux que les flics soient considérés comme responsables. »

CHAPITRE 19

Les êtres de l'ombre

Tout ce qu'on voit ou perçoit est un rêve à l'intérieur d'un rêve.

Luka Magnotta @Luka_Magnotta

Est-ce que je suis dingue ? Je devine bien ce que vous vous dites...

Peut-être que Manny, c'est moi ? Manny, la contraction de Magnotta ? Franchement, OK, je suis différent, je n'ai pas la même façon de voir le monde que vous, selon les jours il est plus beau ou plus laid que vous ne le voyez, mais je ne suis absolument pas fou.

Je m'appelle Luka Magnotta, aujourd'hui je suis mannequin professionnel. Quand je pense à ma vie de maintenant, j'ai en tête cette chanson de Johnny Nash, « *I can see clearly now the rain is gone* » :

« *I think I can make it now, the pain is gone*
All of the bad feelings have disappeared

Here is the rainbow I've been prayin for
It's gonna be a bright bright, bright bright
Sun-Shiny day. »

Parce qu'il y a dix ans, ma vie était un drôle de tohu-bohu.

J'ai été un petit garçon normal, enfin dans une certaine mesure : je faisais du vélo, je jouais au base-ball, je mangeais des céréales le matin. Ce qu'est une maladie mentale ne m'a même jamais préoccupé. Je pensais juste que les gens qui marchent dans la rue en parlant tout seuls étaient des fous. J'avais tort, je l'avoue. Je n'y connaissais rien.

Aujourd'hui, je suis un survivant de la maladie mentale et n'en ai pas honte. C'est pour ça que j'ai décidé de vous en parler. Ça aide les autres, que j'en parle sur le net. Vous allez vous informer, vous aussi. J'ai vécu une enfance traumatisante, je n'étais entouré que de femmes dures et autoritaires, elles me criaient dessus, j'étais très souvent battu par elles. Les hommes, c'était pire, ils me frappaient plus fort ou me forçaient à avoir avec eux des rapports sexuels. J'ai découvert la drogue et l'alcool dès l'adolescence.

Au début, je croyais que c'était ça, mon problème : que je m'étais brûlé la tête trop jeune. Je ne m'aimais pas, je me trouvais laid, c'est pour ça que j'aime à me déguiser, à changer d'apparence. Comme Michael Jackson ou comme Madonna, mes idoles. Mais non. En réalité, je suis juste maniaco-dépressif, je suis bipolaire. Un jour, je suis normal ; le lendemain, incapable de quitter mon lit ; et la semaine d'après, prêt à conquérir le monde. C'est très perturbant, surtout pour ceux qui ne comprennent rien à la bipolarité.

L'un des défis majeurs, quand on fait face à un trouble dépressif majeur, c'est de gérer sa culpabilité, la honte qu'on ressent quand on est déprimé, qu'on a envie de se planquer. Ça fait si longtemps que je ressens ça...

Je n'en ai jamais parlé à mes amis ni à ma famille par peur d'être catégorisé et rejeté. J'ai gardé le silence. « La dépression clinique est une pathologie comme le diabète ou les maladies cardiovasculaires », m'a dit mon psychiatre lorsque j'ai avoué lui avoir caché mon hospitalisation en psychiatrie. « Il faut arrêter de faire de la dépression une question de morale. Les personnes souffrant de troubles du pancréas ou de la circulation sont-elles faibles d'esprit, paresseuses ou déficientes ? Bien sûr que non ! Eh bien, les dépressifs non plus, Luka ! »

Je me suis souvent demandé pourquoi parler ouvertement de nos faiblesses nous faisait si peur... Le problème est que je ne suis pas QUE dépressif.

Je souffre du symptôme de la dissonance cognitive que David Eagleman a très bien décrit dans son livre *Incognito*. Je l'ai même signalé sur Twitter.

GILLES CHAMBERLAND : « La dissonance cognitive, ce sont des raisonnements qui ne sont pas tout à fait logiques, qui ne sont pas en rapport avec une situation. Une espèce de dissociation idéo-affective : quelqu'un qui, dans une situation dramatique, n'aurait pas l'affect approprié par rapport à la situation, et qui tiendrait des propos qui ne sont pas en accord avec son affect. »

Je m'appelle Luka Magnotta et je ne suis pas fou, mais j'ai pourtant une véritable histoire de fou à partager avec vous… Vous avez déjà entendu parler des « Êtres de l'Ombre » ?

Vous avez vu du coin de l'œil, vous pensez avoir VU quelqu'un, dans votre maison, une silhouette fantomatique, sombre, mais quand vous y avez regardé de plus près… il n'y avait rien !

C'était peut-être votre imagination, ou une ombre naturelle, ou bien était-ce vraiment un être de l'ombre ?

Vous recommencez à regarder la télévision, les lumières sont baissées, et voilà qu'à nouveau vous la voyez, là ! Une silhouette humaine très distincte, qui court et disparaît !

Vous vous demandez : c'était quoi ? Peut-être une ombre tout ce qu'il y a de naturelle ? Peut-être votre imagination ? Un fantôme ? Ou quelque chose qui semble un phénomène de plus en plus fréquent : des gens de l'ombre, des êtres de l'ombre ? Ceux qui étudient ce phénomène disent que ces entités sont presque toujours visibles du coin de l'œil, brièvement. Mais, de plus en plus, les gens commencent à les voir en regardant droit devant eux et pendant des durées plus longues. Certains témoignent qu'ils ont même vu des yeux, généralement rouges, chez ces êtres de l'ombre.

Eh bien, voilà ce qui m'est arrivé. Je regardais mon émission de télé préférée, un soir. Les lumières étaient tamisées, je commençais à somnoler. Un bruit sourd m'a réveillé. Au début, j'ai pensé qu'un intrus avait fait irruption dans l'appartement, ou que c'était encore Manny qui était là, j'ai donc gardé les yeux à demi fermés, puis j'ai vu une silhouette humaine qui fouillait dans le placard où sont mes chaussures et mes vestes. Je ne pouvais en croire mes yeux ! Je me suis rapidement redressé et l'être de l'ombre a disparu derrière mes manteaux. J'ai couru allumer les lumières, j'ai empoigné une batte de base-ball… Mais j'ai regardé et regardé partout : il n'y avait RIEN.

Fantômes, extra-terrestres, autre chose ?

Je peux jurer à ceux qui me lisent que j'ai vraiment vu un être de l'ombre dans mon appartement.

Je n'étais pas endormi, je ne rêvais pas, comme la plupart d'entre vous pourriez le croire. C'était là, et je n'arrive pas à comprendre pourquoi !

BORIS CYRULNIK : « Ces ombres, ces personnages, peut-être des voix étranges dont il ne parle pas, sont pour moi la preuve d'une schizophrénie enkystée. Que sa famille a bien contenue, mais a structurée sous forme de perversion narcissique. »

L'explication des sceptiques et des scientifiques classiques – en général, des gens qui n'ont jamais vu d'êtres de l'ombre – est que c'est un produit de la fertile imagination humaine. C'est notre esprit qui nous jouerait des tours… Une fraction de seconde, nos yeux voient des choses qui ne sont pas vraiment là – des hallucinations, quoi. Ou de véritables ombres causées par les phares d'une voiture, ou une cause similaire. Sans doute cela peut-il expliquer certaines visions, mais pas toutes. L'œil et l'esprit humains sont faciles à leurrer. Mais cela vaut-il pour tous les cas ?

Ces mystérieuses apparitions sont devenues un sujet de conversation brûlant dans les chats et les sites web consacrés au paranormal, et l'émission de radio « The Art Bell » l'a fait découvrir au grand public. Les auditeurs d'Art Bell ont même envoyé des croquis de ces êtres, on peut les voir dans une section on ne peut plus troublante, sur le site d'Art.

Du coup, j'ai carrément appelé l'émission pour raconter ma propre histoire... À ma grande surprise, beaucoup d'autres gens, dans tout le pays, ont connu la même expérience, je ne me suis donc plus senti un cas isolé ou bizarre. J'en ai parlé à mon médecin. Le thérapeute m'a dit des choses comme : « Les yeux vous jouent des tours quand vous êtes en passe de vous endormir... », ou « C'était juste votre imagination, un mauvais éclairage ! »

Tu parles ! Je sais que ce n'était pas ça, je sais ce que j'ai vu.

CHAPITRE 20

Comment ne pas rire et s'enfuir ?

Il ne faut qu'un instant pour raconter un mensonge, et une vie entière pour le cacher ! Je suis fier d'avoir toujours été franc.

Luka Magnotta @Luka_Magnotta

Grâce au net, j'étais déjà une star bien avant « *1 Lunatic 1 Ice Pick* ». J'avais ouvert 72 pages Facebook et créé une vingtaine de sites à ma gloire !

Faut dire que je faisais tout, j'y passais presque tout mon temps, j'animais des forums, je faisais les questions et les réponses, j'émettais même les commentaires sous d'autres noms. Je racontais ma vie, j'étais intarissable.

Plein de gens jaloux fréquentaient ma page MySpace. Ensuite ils m'envoyaient des messages haineux…

Tout le monde voulait me connaître et coucher avec moi.

Il faut que vous sachiez que je ne suis pas une pute. Je dois vous instruire sur ma vie. Je suis un mec sexy, oui, mais je ne suis pas une traînée, et j'en ai ras le bol de tous ces gens qui me harcèlent pour retenir mon attention ou jouir de mon corps. Je suis pris et je ne cherche d'aventure avec personne. Mettez-vous ça dans la tête une bonne fois pour toutes !

J'ai vraiment passé la plus grande partie de ma vie sur le net. Je sais que je ne suis pas près de pouvoir me reconnecter, mais ça ne me manque pas. J'en ai fait le tour, de la blogosphère !

En plus, c'est dangereux.

Vous utilisez les réseaux sociaux ? Sachez que ça peut vous coûter votre job !

Pour beaucoup, Facebook et MySpace sont juste des lieux d'échanges et de discussions décontractées, pour faire des commentaires stupides à l'adresse de vos amis, poster des photos de vous adolescent, ou passer des heures à jouer à des jeux sans intérêt. Naturellement, ces sites sont également devenus un forum populaire où d'innombrables usagers se plaignent de leur boulot, une extension naturelle de la table du dîner ou du bar, où le bavardage sans conséquences est la norme.

Certains employeurs commencent à mal prendre de tels propos et, dans certains cas, se plaindre de son boulot a entraîné aussi sec le licenciement de la personne.

Je me rappelle l'histoire de deux employés d'un restaurant de Houston qui, sur un forum privé de MySpace, uniquement sur invitations, s'étaient plaints de leur patron et des clients. Après le travail, un soir, l'hôtesse d'accueil du restau a montré le forum à son patron, elle raconte qu'ils ont « bien ri » et sont rapidement passés à autre chose. Mais, plus tard, un autre superviseur a eu vent du site, a demandé qu'on lui montre ce forum et a obtenu le licenciement des deux coupables. Selon l'établissement, les auteurs avaient « contrevenu à leur obligation contractuelle d'avoir une attitude positive », tandis que les employés licenciés soutiennent, eux, dans leur action en justice, que la société a violé le secret des correspondances et les lois fédérales sur les écoutes électroniques.

Ça n'est pas la première fois que des commentaires publiés sur les réseaux sociaux ont mis quelqu'un en difficulté. Treize agents de la compagnie aérienne Virgin Atlantic se sont fait jeter après s'être moqués des passagers sur Facebook. Une femme a également été virée pour avoir prétendu être trop malade pour utiliser un ordinateur, puis avoir mis à jour son profil Facebook depuis chez elle.

Les réseaux sociaux peuvent même vous empêcher de trouver un emploi, comme cette Américaine qui a déclaré sur Twitter hésiter sur le « très bon salaire » que lui offrait Cisco pour un « boulot chiant ». L'entreprise a rapidement découvert le tweet, avec le résultat qu'on imagine pour son auteur.

Où s'arrête le droit du travail ? Même si je peux comprendre la société qui a licencié la femme qui prétendait être trop malade pour utiliser un PC, la question des remarques des salariés sur Internet – en particulier sur un forum privé non accessible au grand public – est beaucoup plus préoccupante. Les lois varient selon les pays et les États, mais, la plupart du temps, un employeur doit avoir un motif valable pour licencier un salarié. À supposer que les commentaires n'aient pas été diffusés à partir du bureau, les employés du restaurant ont une bonne carte à jouer en justice. Sérieux : si tous ceux qui se plaignaient de leur travail ou avaient une attitude répréhensible étaient foutus à la porte, on finirait avec 100 % de chômage !

Conclusion : maintenant plus que jamais, votre patron vous surveille probablement au travail ou chez vous. Prenez le temps de comprendre la politique de votre entreprise vis-à-vis des réseaux sociaux et des blogs. Que vous l'appréciiez ou pas, vous ne serez pas pris au dépourvu !

Moi, n'ayant pas de patron – à part Manny –, je n'avais pas de ces problèmes…

J'inondais la Toile de longs *posts*. C'était ma vie rêvée, pour mes fans. J'en avais déjà plein, des fans, je délirais et ça les faisait rêver, eux aussi. J'étais une star virtuelle :

> « Métrosexuel : Je suis super canon !
>
> Je suis fier d'être métrosexuel. C'est quoi ? C'est un homme hétérosexuel, qui vit en milieu urbain, qui s'habille chez les grands couturiers, qui aime les musées, les comédies musicales et autres activités non-macho.
>
> Comment savoir si vous êtes métrosexuel… ? Est-ce que vous profitez des services d'un spa ? Manucures, pédicures, soins du visage et exfoliation font partie de la routine du métrosexuel.

Voici mon histoire, je suis sûr que vous allez l'aimer : j'étais dans un restaurant très cher, l'autre soir, j'y mangeais un filet mignon, délicieux, tellement tendre, en buvant du champagne Crystal. Mon invitée me parlait, me racontait sa vie, mais tout ce que je pouvais faire, c'était penser à moi. Cuillère en argent à la main, j'essayais d'y contempler mon reflet, mais je n'arrivais pas très bien à me discerner, donc j'ai pris mon miroir de poche et ai fait semblant de m'examiner les dents. En fait, je regardais l'homme le plus superbe, le plus redoutablement beau que j'aie jamais vu. Je suis mon propre objet sexuel… »

GILLES CHAMBERLAND : « Le narcissisme est dû à une carence de reconnaissance personnelle ; le narcissique passe sa vie à vouloir être reconnu, valorisé, à essayer de convaincre les autres – et lui-même, au fond – de sa supériorité, tout en se montrant très dédaigneux envers ceux qu'il considère comme inférieurs. Les narcissiques se sentent exceptionnels, désirent avoir un destin exceptionnel où ils ne rencontreront que des gens exceptionnels. C'est ancré en eux, ils ne peuvent se comporter autrement. »

J'ai TOUT ce que je veux : une super voiture neuve, un logement magnifique et des vêtements couture. Je gagne en moyenne 250 000 dollars par an. Je fais les boutiques quasiment tous les jours : Gucci, Prada, Louis Vuitton, Versace, Coach, Abercrombie et Fitch… J'ai tout. Je viens de mettre 300 dollars dans le nouveau T-shirt Gucci, j'ai dépensé plus de mille dollars chez Louis Vuitton pour une sacoche destinée à mon super ordinateur portable, puis je suis allé me faire faire une manucure et une pédicure.

Ne pas avoir de beaux ongles est pour moi un cauchemar. Pouah ! les gens qui ont les ongles pourris sont des dégueulasses, à mon avis.

Depuis que je suis tout gosse, je me coupe les ongles, les cuticules et la peau autour des ongles à tel point que j'en suis venu à identifier ça comme une forme d'automutilation. Je m'assieds souvent, parfois pendant une bonne heure, à couper mes cuticules avec une paire de coupe-ongles, jusqu'à obtenir une masse immonde de peau durcie et d'ongles. Mes ongles sont si courts que je ne peux même pas ouvrir une boîte sans m'aider d'une clef ou d'un couteau. Mes doigts sont bien plus moches que ceux du type classique qui se ronge les ongles.

Je suis tellement obsédé par mes ongles de mains et de pieds que je me fais manucurer trois fois par semaine.

Suis-je le seul dans ce cas ?

Ah oui, aussi… j'adore la fourrure : et alors ? Ouais, un mec peut aussi adorer la fourrure. Je suis mannequin. On n'arrête pas de me dire, sur Facebook et MySpace, que je suis un salaud à cause de ça. Je ne suis pas un salaud : j'adore la fourrure, un point c'est tout. J'ai du chinchilla, du vison, du renard. J'adorerais avoir un manteau en tigre, ça serait le max !

COMMANDANT IAN LAFRENIÈRE : « C'est une personne – même si c'est difficile pour nous d'y croire – qui avait une vie physiquement et qui en avait une autre complètement différente sur le web, avec beaucoup de gens, beau-

coup de contacts, des gens qui l'appréciaient. Vous savez, quand il a été arrêté, on a reçu beaucoup de courriels de personnes qui le glorifiaient. Pour eux, Luka Rocco Magnotta était une star, c'était vraiment une personne qu'ils appréciaient : il était beau, il était gentil… On trouve toute sa vie sur le web, il usait de plusieurs pseudonymes, il y avait plusieurs pages web qu'il entretenait. Je vais vous dire : moi, j'ai du mal à en entretenir une seule, parce que je manque de temps, mais, dans son cas, il avait autant de pseudonymes que de vies qu'il entretenait, si vous voulez. Il avait des noms, des comptes, et s'en glorifiait. Il utilisait tous ces pseudonymes-là pour étaler sa vie, attirer l'attention sur lui, mais c'est aussi ce qui l'a perdu. En mettant cette vidéo-là en ligne, « 1 Lunatic 1 Ice Pick », *il nous a guidés directement jusqu'à lui. Et quand il a été arrêté par les autorités allemandes, il était dans un café Internet à regarder encore des sites parlant de lui.* »

Je passe mon temps à me regarder dans le miroir et ne peux pas passer devant une vitrine ou une voiture sans m'y mirer. Bref, je pense vraiment être le mec le plus canon du monde.

Mais les gens sont méchants avec moi.

Je veux dire : ce n'est quand même pas ma faute si Dieu m'a fait comme ça.

Je devrais apprendre à gérer tout ce cirque ? Pourquoi devrais-je endurer cette merde ?

Quelqu'un est-il dans la même situation que moi ?

J'ai tant besoin d'aide pour comprendre ma situation.

Vous êtes jaloux de moi, c'est tout.

Je crois que Dieu m'aime plus que vous tous, car Il m'a fait canon. Et vous ne m'arrivez pas à la cheville. Je n'ai pas besoin qu'on soit aussi malpoli avec moi. Je sais que vous voudriez tous vous saper comme moi, mais vous ne le pourrez pas.

Soyez vous-mêmes. Cessez de vouloir m'imiter. Je me fous de vos commentaires débiles, je ne suis pas coincé, mais j'ai du mal à m'en sortir avec tout ça.

La vanité masculine n'est pas forcément une mauvaise chose.

C'est très dur, que tout le monde me désire, donc je dois limiter mes apparitions en public. J'attire tellement l'attention, partout où je vais, que je finis par être obligé de me déguiser et de changer de couleur de cheveux pour passer inaperçu.

Traditionnellement, l'image du corps est une préoccupation féminine, mais c'est devenu un souci nettement masculin. Si vous ne l'avez pas encore remarqué, soyez plus attentifs.

Je suis mannequin depuis plusieurs années, je dois gérer tous les fans qui s'y entendent pour bouffer mon temps, qui rêvent que je m'intéresse à eux, avec les séances photos qui n'en finissent pas.

Je dois rester à tout prix au top en bronzant tous les jours, oui j'ai bien dit *tous les jours*, en portant constamment de nouveaux vêtements, et aussi en donnant aux pauvres pour améliorer mon image. Je dois avoir tout ce qu'il y a de mieux, comme mon nouvel appartement, une nouvelle décapotable.

Il y a un boom des magazines pour hommes qui abordent ce genre de sujets et l'image de soi, comme *MH-18*, *FHM Bionic* et *GQ Active*, spécialisés dans le physique idéal. En parcourant rapidement leurs articles, on trouve « Faites-vous des abdos en béton », « Enlevez des centimètres à votre taille » et « Musclez plus vite vos bras » ! Évidemment, l'exercice est une bonne chose pour la santé physique et mentale, pour son impact sur la confiance en soi ; cependant, courir après un idéal irréaliste peut se révéler dangereux. La perfection musculaire vantée dans les pages de ces magazines n'est en réalité possible qu'en prenant des anabolisants. Les anabolisants peuvent entraîner un rétrécissement testiculaire et endommager le foie et les reins. Or, selon Santé Canada, environ 83 000 jeunes Canadiens âgés de 11 à 18 ans ont déclaré avoir pris des anabolisants au moins une fois.

J'ai lu *The Adonis Complex*, de Philips, Pope et Olivardia, sur l'obsession du corps masculin en Amérique. Ils expliquent que le paradoxe est que le dieu grec en question, Adonis, n'avait rien à voir avec les critères idéaux du physique masculin auquel nous aspirons de nos jours, ce qui suggère que la « perfection » a échappé à tout contrôle.

« Je m'appelle Luka Magnotta et peut-être pensez-vous que je me la joue ?

Eh bien oui, peut-être, mais je vous laisse juger par vous-mêmes. Tout le monde veut être désirable ; moi, je suis juste sincère.

Pourquoi est-ce que les gens me détestent parce que je suis beau ?

Pourquoi les gens m'évitent uniquement parce que je suis sexy ?

Les mecs ne veulent pas s'afficher à côté de moi parce qu'ils ont peur que je leur fasse de l'ombre.

Je suis tellement beau que si vous me voyiez, vous seriez probablement trop jaloux. Je ne veux pas être impoli, je suis sincère, c'est tout. Je sais que je suis beau, je ne l'ai jamais caché. Que dois-je faire si ma beauté est un don, mais aussi une malédiction ? J'ai même essayé de m'enlaidir, mais j'ai dû m'y résoudre : rien au monde ne pourrait entamer ma beauté.

Juste pour citer un fait – un fait avéré – afin de mettre les choses au point : je ne cherche pas à attirer l'attention. Mais, chaque fois que je sors, les femmes me draguent en permanence. Parce que je prends soin de moi et de mon corps.

Moi, j'ai un problème avec les gens qui s'habillent mal et qui se comportent comme des gorets. Mes bêtes noires, ce sont les types qui s'habillent et pensent comme s'ils faisaient partie de gangs, qui portent leurs pantalons super bas, jusqu'aux genoux… Honnêtement, les mecs, ça fait dix ans que ça n'est plus tendance !

Pareil pour les femmes. Pourquoi est-ce qu'il n'y a plus que les femmes urbaines pour s'habiller bien et prendre soin de leur apparence ? Ça s'appelle la CLASSE. Les femmes des banlieues ont toutes le même air : en survêtement et les cheveux blonds délavés, genre années 1980, on dirait des clones !

Vous, les femmes, vous vous plaignez que les hommes sont des porcs ? Regardez-vous dans la glace, regardez-vous bien !

En fait, aujourd'hui, la plupart d'entre nous n'avons aucun problème avec la propreté. On s'occupe de nos cheveux, on se brosse les dents, on se fait les ongles, on garde la peau douce et souple, sans rides ni acné, ni boutons de fièvre, et, bien sûr, nous faisons attention à toujours sentir bon !

Ah, encore une chose : j'ai eu rendez-vous récemment avec des "femmes" qui s'habillent comme si elles étaient encore en sixième... Genre : porter un anorak zippé avec un pantalon de survêt pour le dîner. Honnêtement, comment ne PAS rire et prendre la fuite ? C'est moi qui suis coincé, vous vous dites ? Réfléchissez bien ! »

BORIS CYRULNIK : *« Se mettre devant l'ordinateur, ça me permet de communiquer sans avoir de frein de la part de l'autre. Si je vais trop loin face à vous, je peux me dire : "Tiens, il fronce les sourcils, il n'est pas d'accord, il pense autrement." Je ne peux plus tout me permettre. Face à l'ordinateur, il n'y a pas de frein. Il n'y a pas d'*autre, *il y a une communication stupéfiante, sans relation, sans autre, mon autre est imaginaire. L'autre est dans ma tête à moi, il n'est pas dans la tête de l'ordinateur. Donc, il y a là une situation qui favorise l'expression de la perversion. Tout le monde ne devient pas pervers en se servant d'un ordinateur, mais ceux qui sont pervers n'y sont plus freinés par la présence de l'autre, ils sont au contraire libérés par Internet. »*

Ras le bol, des gens qui se font passer pour moi sur Internet !

Je n'arrête pas de recevoir des e-mails bizarres, mes amis m'envoient des liens vers des sites qui disent sur moi des trucs qui ne sont même pas vrais… Ça me fait rigoler, en fait. Les gens mettent des photos de moi sur Internet et se font passer pour moi. Ils discutent même entre imposteurs, c'est hilarant !

Il y a partout des centaines de sites bidon sur moi ! C'est quoi, ce bordel ? Les gens devraient arrêter leurs dingueries, j'en ai ras le bol d'être harcelé comme ça. Moi, je suis bien trop occupé pour ces culs-terreux.

« Je m'appelle Luka Magnotta. Avant, j'étais vaniteux, maintenant je suis juste parfait.

Je suis super canon… Faites-moi confiance : c'est vrai… Je sais à quel point il est dur d'être super bandant. Vous avez de la chance, vous les moches, vous ne pouvez pas savoir tout ce que je dois endurer…

Tout le monde pense que c'est super facile, comme vie, mais non. Se soucier en permanence de son apparence est un vrai travail.

Être jugé sur l'apparence, c'est cruel aussi, l'estime de soi en prend un coup… Parce que chacun a sa propre idée de la beauté. Quelqu'un peut me trouver superbe et je peux être immonde aux yeux d'un autre.

Bref, je suis mannequin, c'est ma profession, j'assume. Si ça ne vous plaît pas, pourquoi est-ce que vous me lisez ?

Mannequin très célèbre, comme moi, c'est super fatigant. Vous voulez faire du mannequinat ? Vous rêvez de marcher sur le catwalk, d'attirer sur vous tous les regards, comme moi ? Avec les flashes, et qu'on scande votre nom ? ! ... Tout ce qu'on voit à la télévision ? S'habiller couture, manger dans les meilleurs restaurants, se voir en photos partout... Préparez-vous au parcours du combattant semé d'émotions, de tristesses et de luttes. Ce job est un beau rêve, mais maintenant regardez les choses en face : RÉVEILLEZ-VOUS !

Il faut être très malin pour percer dans le mannequinat : comprenez bien que vos chances de devenir ultra célèbre, de décrocher des contrats de plusieurs millions de dollars, ne sont pas réalistes.

Vous pensez que vous êtes très beau – vous l'êtes peut-être –, mais le monde du mannequinat est ultra compétitif, c'est l'univers le plus difficile à intégrer. De fait, il y a peu de *success stories*. Même les mannequins représentés par les meilleures agences du monde font d'autres boulots pour boucler leurs fins de mois.

Je suis heureux que vous soyez toujours en train de me lire, cela montre que vous êtes toujours intéressé ! Souvenez-vous que vous allez essuyer refus sur refus, et que tout le monde va vous demander de changer quelque chose en vous : vous ne serez jamais parfait pour qui que ce soit, où que ce soit, tout le monde voudra vous changer.

Cela m'est arrivé, c'est triste à raconter, mais je dois témoigner. J'ai très tôt décidé de percer dans le mannequinat, j'étais TRÈS naïf. Je me suis fait escroquer par des dizaines d'agences. Si vous arrivez dans une agence et qu'on vous demande de l'argent à titre d'avance, FUYEZ !

S'ils essaient de vous vendre des cours, FUYEZ ! S'ils vous forcent à utiliser leur propre photographe, FUYEZ ! »

Bon, OK, ces récits, cette vie de ouf, c'était bien sûr du flan. Aucune agence ne m'a jamais engagé.

Une ou deux fois, oui, j'ai fait des photos pro – pas des photos de cul, je veux dire. Je me souviens d'avoir été contacté, *via* le site *Craiglist*, par un certain Mason, un gars qui shootait de vrais mannequins. Là, c'était une séance gratos, il voulait élargir son panel de modèles, mais, en échange, je pourrais utiliser ses photos de *grande classe* pour ma promo sur le net, donc j'ai foncé. Il habitait vers Pointe-Saint-Charles, une banlieue chicos au sud-ouest de Montréal. Comme j'étais méfiant (on ne sait jamais sur qui on tombe, sur le net, hein ?), je lui ai fait « Hello ! » et la suite, avec mon meilleur accent Doubichoï, façon émigré russe tombé de l'avion. Je lui ai dit que j'avais un fils et que j'étais italo-russe, d'où ma beauté et mon accent. Il a eu l'air d'y croire.

PAUL MASON : « Il s'est présenté comme se nommant juste "Rocco", et moi je n'avais aucune raison de ne pas croire à son accent ou de me dire qu'il jouait un rôle. Il avait un visage très fin, jamais disgracieux quel que soit l'angle, mais ce qui m'a surtout frappé d'emblée, c'était l'impressionnante couche de fond de teint qu'il s'était collée sur les joues. Je me suis dit : "Ugh ! Ça va faire un peu crémeux, *à l'objectif, mais bon… À la guerre comme à la guerre !" Et on est descendus en ville faire un* shooting, *ambiance jungle urbaine, genre murs en briques et graffitis. Là, il m'a scotché. Je lui fais : "Prêt ?" Il me dit :*

"Je suis prêt", et il prend la pose, tourne son visage de 45° par rapport au corps, et ne bouge plus. S'il avait été congelé sur place, si ç'avait été un robot, il n'aurait pas pu être plus impassible. Pas un sourire, pas une expression : rien. Je me suis dit : "Ce mec est vraiment intense. *Ça va faire de bonnes photos, avec du punch !"* »

La réalité, c'est qu'en 2001 je me suis installé à Montréal, quartier de la Côte des Neiges, y a plus *glamour* ! J'avais trouvé un petit taf de danseur dans un bar gay. Enfin, danseur est un bien grand mot… Après le show, je tapinais avec les clients. J'acceptais tout, même les trucs les plus crades, avec les mecs les plus pourris. J'aime ça. Ou avec des gros connards comme celui qui a écrit que j'avais une petite bite ! Après ça, je rentrais dans mon appart' minable, je me replantais face à mon écran et je continuais à raconter ma vie et à m'envoyer des commentaires à moi-même, comme celui-ci :

« Salut, Luka, t'es tellement génial ! Je suis ton plus grand fan ! Je sais que tu n'as pas le temps de lire tous les commentaires, mais j'espère que tu liras le mien ! Je te suis depuis le début de ta carrière et on peut dire que t'as vraiment réussi ! »

Financièrement, je ramais sévère, alors j'ai commencé à faire le con avec, entre autres, les cartes bleues des clients.

En 2004, j'ai pris neuf mois avec sursis en première instance. J'avais fait en tout pour 17 000 dollars de fraude. Je m'appelais encore Eric Clinton Newman. Pour la Cour, j'étais un petit con de vingt-deux ans, un chômeur, un raté, un *guedin* devant répondre de douze charges : fraude, vols, et, tenez-vous bien, agression sexuelle sur une jeune femme ! Moi ! La victime, d'accord, je l'avais dragouillée en ligne, elle était pas très futée, la pauvre, même la Cour lui a donné « huit ans d'âge mental » (moi, j'en aurais donné trois)… Bref, sympa, elle m'avait gentiment prêté ses cartes de crédit, donc j'étais allé au distributeur, avec, tout en lui promettant de la rembourser plus tard. Et, pour la rembourser, j'ai ouvert un compte Amex à mon nom, sur son propre compte, en imitant sa voix au téléphone, et j'ai débité. Là, sa mère s'est un peu énervée, et, pour faire bonne mesure, m'a aussi attaqué pour viol !

Mon avocat d'alors, maître Scully – rien à voir avec *X-Files* ! –, a discrètement fait savoir au tribunal que je suivais un traitement psychiatrique sévère, et que neuf mois, c'était trop lourd pour moi. La juge a dit OK et m'a finalement collé vingt heures de travail d'intérêt général et une mise à l'épreuve d'un an. Puis elle m'a fait une belle leçon de morale : « Désormais, je vous demande d'écouter vos parents… (mon père s'était même pas déplacé, trop *borracho*, comme d'hab'). Ils ne sont peut-être pas parfaits (je confirme), mais admettez que ce sont les seules personnes au monde à se soucier réellement de vous (mon cul !), capables de vous comprendre (ah ouais ?) et de vous prodiguer les conseils les plus justes (au secours !). »

Bref, HELP !!!

CHAPITRE 21

Profession « fluffer »

> Si vous entendez les chiens, continuez à marcher. Si vous voyez des torches dans les bois, continuez à marcher. Si vous entendez des cris derrière vous, continuez à marcher, continuez à marcher, continuez à marcher ! PERSÉVÉRANCE !
>
> **Luka Magnotta** @Luka_Magnotta

En 2003 j'ai tourné mon premier porno gay. Dans le hard, faut pas traîner : c'est tout, tout de suite ! Après, t'es mort. J'avais vingt ans et pas de temps à perdre. On m'a d'abord employé comme *fluffer*, j'étais chargé de maintenir les hardeurs en érection entre les prises. L'endurance, c'est ça qui compte, dans le hard : bander des heures, jouir sur commande. Le physique, au fond, c'est annexe. Je n'ai participé qu'à huit films en tout et pour tout... Des images qui sont toujours là, en téléchargement illicite gratuit, pour l'éternité. De là à faire de moi ensuite la *gay pornstar*... Mais ça, c'est les médias, ça fait vendre !

Je m'exhibais, je me produisais par webcam. J'ai été approché par un agent et il m'a expliqué comment ça marchait, le bizness. Il m'a dit qu'il me donnait la chance de ma vie, que j'allais me faire beaucoup de thunes, mais que, passé trente ans, ce serait dehors : carrière terminée ! C'est partout pareil, toujours la même histoire. Nous devons tous comprendre que si notre visage fait notre fortune, le temps est notre pire ennemi...

J'ai fait des séances photos pour des dizaines de magazines de cul sous différents noms de scène. La vie privée est super importante pour moi, et je savais, en entrant dans ce monde-là, que j'en aurais de moins en moins. Je pressentais aussi qu'un jour, je pourrais avoir besoin d'une vie différente, et que le fait d'utiliser des noms d'emprunt m'aiderait à rester anonyme. Enfin, plus ou moins.

Il faut avoir un plan de secours pour quand la fête est finie. Personne ne peut rester jeune à jamais, ç'a été mon plus gros problème dans la vie. J'ai basé toute ma carrière sur mon apparence, j'ai eu du succès à cause de ma beauté, mais une fois que c'est terminé, c'est cruel. Les gens peuvent perdre la tête, ne pas accepter de vieillir. Il faut s'y préparer.

Heureusement, j'avais à côté d'autres centres d'intérêt. Je suis fasciné par le droit pénal et j'ai rencontré beaucoup d'avocats, d'étudiants en droit. Je trouvais aussi la psychologie fascinante. Elle vous aide à aimer ce que vous faites. Et si vous aimez vraiment ça, vous n'aurez plus la sensation de travailler, plus un seul jour de votre vie.

La question fondamentale qu'il faut vous poser, si vous êtes tenté par une carrière dans le *porn*, c'est celle de l'âge. Bon, déjà, aux États-Unis, vous devez avoir plus de dix-huit ans. Ailleurs, en Russie par exemple, c'est différent.

Au-delà de la question de l'âge, cette décision va changer votre vie. Il est donc important de réfléchir aux choix que vous avez déjà faits par le passé, pour être sûr que vous avez atteint le niveau de maturité. Si vous n'avez pas le sentiment d'avoir accumulé les erreurs, des montagnes de regrets, c'est que vous êtes dans les bonnes dispositions pour prendre cette décision dès maintenant. Mais si vous avez l'impression que beaucoup de vos choix ont fini par se retourner contre vous, ça n'est peut-être pas le bon moment… Prenez plutôt le temps de faire un peu d'introspection, essayez de comprendre pourquoi vous avez pris des décisions malsaines, par le passé, essayez de répondre à toutes ces questions avant de reconsidérer cette option.

L'industrie du porno est un monde implacable où les acteurs ou les « talents » n'ont droit qu'à fort peu de considération. À moins de devenir une star de premier plan, on ne touche qu'assez peu d'argent, et on doit accepter des actes sexuels vraiment pénibles, comme la double pénétration anale, le sexe en groupe, etc.

Le mieux est de commencer comme assistant ou *fluffer* avant de plonger à corps perdu dans des pratiques plus difficiles.

En revanche, ne rêvez pas, ne perdez pas votre temps avec des bouquins qui vous dispensent des conseils qui ne mènent nulle part, du genre « Le plus complet des guides de l'industrie pour adultes, un répertoire comportant des informations, mis à jour sur plus de 2 500 entreprises, tous les studios pornos, les agents à contacter, une liste des fondations caritatives pour adultes, et de précieux conseils pour maximiser l'exposition des salons et de la production vidéo à Los Angeles »...

Ce dont vous avez besoin, c'est de contacts, parce que c'est uniquement grâce à vos relations que vous réussirez à mettre un pied dans la porte.

Sachez aussi qu'il est probable que vous soyez invité à vous produire avec les deux sexes, donc ceux qui sont homophobes devraient y réfléchir à deux fois avant de se lancer.

Souvenez-vous aussi qu'il est très probable que votre famille et vos amis découvriront votre nouvelle activité de hardeur, qui peut en outre avoir des conséquences sur votre capacité à obtenir un emploi à l'avenir. Nous connaissons tous l'histoire de Vanessa Williams et de son fiasco chez *Playboy*... Imaginez ce que pourrait penser un patron potentiel ou un directeur d'école primaire en découvrant vos expériences dans le porno !

Si vous avez ou prévoyez d'avoir des enfants, il vous faut aussi prendre en considération le fait que, bien que vous puissiez expliquer à vos rejetons que ce métier a été le bon choix pour vous, les autres parents, les enseignants et les autres enfants ne comprendront pas, eux, et cela peut avoir des conséquences pour votre enfant qui risque d'être stigmatisé parce que son père est ou a été un acteur porno.

Ce ne sont là que quelques-unes des choses auxquelles il vous faut réfléchir avant de vous lancer dans l'industrie du porno. Il est important de prendre une décision bien mûrie, car il s'agit de quelque chose qui peut engendrer des déconvenues en divers aspects de votre vie.

Il est très difficile de devenir un professionnel dans le porno, soyez donc prêt à travailler énormément pour ne pas gaspiller votre chance. Il faut aussi savoir que c'est beaucoup plus difficile pour les hommes que pour les femmes. Peut-être l'avez-vous remarqué, si vous êtes grand consommateur de porno, on n'y voit que quelques acteurs connus, toujours les mêmes, et ils sont utilisés encore et encore, car ils sont sûrs et les réalisateurs de porno n'aiment pas faire passer trop de castings.

Cependant, il est aussi difficile de percer pour les femmes qui sont souvent choquées de découvrir comme il est difficile d'être bien payées et de travailler pour une véritable entreprise ayant pignon sur rue. Pour ce qui est des hommes, ils ont encore bien moins de chances de devenir stars du porno. De plus, si vous n'êtes disposé à tourner que des scènes hétérosexuelles, vos chances seront encore plus réduites.

Il est évidemment plus facile de faire du porno amateur. Si vous souhaitez vendre des contenus à telles ou telles personnes, assurez-vous d'envoyer uniquement un petit échantillon et ayez un contrat et le prix demandé à portée de main. La meilleure façon de bien connaître ce secteur est de passer beaucoup de temps à rechercher des acheteurs, des distributeurs, et de ne pas négliger les aspects juridiques.

Ces temps-ci, la mode chez beaucoup de gens consiste à mettre leurs films personnels sur le web. Attention : les proposer à la vente sur votre propre site requiert des connaissances en e-commerce.

Bien que le fait de vivre en Californie puisse aider, ça n'est pas le vieil adage de l'immobilier – « Emplacement, emplacement, emplacement ! » – qui vous permettra de devenir une star du porno ! Mieux vaudrait le remplacer par l'adage « Endurance, endurance, endurance ! » Vous ne serez pas seulement jugé sur votre beauté ou la taille de votre sexe. Pour devenir une star de premier plan, vous devrez être en mesure de bander, de rester en érection et d'avoir des orgasmes sur commande. Il y faut de la pratique. Sachez enfin que lorsque vous passerez une audition, vous n'aurez droit qu'à une seule prise : préparez-vous donc à avoir le trac !

Un petit truc d'initié, maintenant : trouvez une jeune fille d'une beauté extraordinaire… et présentez-vous en duo. Elle vous offrira la possibilité de faire ensemble votre entrée dans l'industrie du film pour adultes. Toutefois, notez que même si vous avez conclu un accord solide avec elle, elle sera sans doute obligée de vous laisser tomber pour atteindre son propre succès. Rappelez-vous : il s'agit d'un domaine ultra concurrentiel, et des centaines de superbes femmes tentent de percer chaque année dans le porno.

Si vous réussissez à être engagé, ne vous attendez pas à gagner beaucoup d'argent, sauf si vous faites du porno gay, ou si vous devenez tout de suite un acteur de premier plan. La dure réalité est que les mecs sont payés des cacahuètes… tandis que les filles, elles, peuvent gagner beaucoup plus. Gardez à l'esprit que la plupart des téléspectateurs ne regardent que la fille, et se tapent du mec. Les mecs, dans l'industrie du porno, sont souvent considérés comme de simples accessoires par les réalisateurs. Un gode, quoi.

En plus, producteurs et réalisateurs n'acceptent pas souvent de nouveaux gars, peu importe qui les recommande ou leurs particularités. Si vous êtes assez chanceux pour décrocher une audition, comprenez que vous n'aurez droit qu'à *une seule* chance. Les critiques, en outre, seront très dures.

Il y a beaucoup de pression exercée sur l'homme puisqu'il ne peut feindre une érection, ni une éjaculation, et ne peut jouir avant que le réalisateur le lui ait ordonné. De même, il doit avoir une véritable érection chaque fois que la caméra tourne, et aussi longtemps qu'il le faudra pour filmer la scène, ce qui prend normalement entre une et deux heures… Et il faut continuer à bander malgré les constantes interruptions pour des tas de conneries comme les pannes de batterie, les modifications d'éclairage, les changements d'angle de la caméra, sans parler des prises qui alternent préliminaires et rapports prolongés, allées et venues pour aller aux toilettes, pour le maquillage, pour fumer une cigarette, boire de l'eau, etc. Que des pauses, et toi, tu dois rester… de marbre !

La taille du pénis, l'allure générale, les muscles, les performances d'acteur sont certes importants, mais, encore une fois, tout cela ne saurait remplacer la capacité d'obtenir une érection quasi instantanée, à l'entretenir, à la contrôler, à n'éjaculer que sur commande. Et il faudra le faire rapidement, sans faire perdre de temps aux gens de la production.

Vous serez obligé au surplus d'avoir une parfaite hygiène personnelle, de passer des tests VIH tous les mois, de patienter de longues heures sur les plateaux à attendre que ce soit votre scène.

Pour vous, les filles, ce qui joue, c'est la beauté du visage, la taille des seins (forme et apparence générale), l'aspect du vagin, du reste du corps (muscles, graisse, peau), l'hygiène (poils rasés, cheveux longs préférables, ongles soignés, beauté naturelle avec ou sans maquillage), et, en dernier lieu, votre capacité à jouer la comédie. C'est beaucoup plus facile pour vous que pour les hommes, car avec un peu de lubrifiant vous pouvez faire semblant pendant tout le film ! Soyez aussi prêtes à faire des tests VIH tous les mois, et, comme les hommes, soyez conscientes qu'il va vous falloir être très patientes entre deux prises.

Maintenant, voici le *Top Ten* des règles du porno :

1. Comprendre que les images sont là pour toujours :

Une fois que votre image est sur pellicule ou cassette, votre travail est visible par tout le monde et le restera aussi longtemps que le décidera le distributeur. Même si votre vidéo n'est plus distribuée, elle continuera à exister et pourra même être piratée et redevenir visible illégalement. En plus, les photos de promotion du film ne seront pas utilisées uniquement par le distributeur, mais pourront être facilement copiées par tous ceux qui visitent leur site web.

Vous courrez toujours le risque qu'un jour, un ami, ou un membre de votre famille, ou votre employeur tombe par hasard sur votre photo ou vidéo. Serez-vous en mesure de gérer leur réaction ?

2. Soyez à jour avec vos dépistages VIH :

Lorsque vous vous présentez sur un tournage, vous serez invité à fournir votre test VIH et éventuellement d'autres papiers attestant que vous n'avez pas de maladies sexuellement transmissibles. Ne vous présentez pas sans ces preuves de bonne santé, et gardez-les à jour. Actuellement, elles doivent être renouvelées tous les trente jours. N'acceptez jamais de bosser avec quelqu'un qui a de vieux papiers ou qui les a « oubliés ». Votre santé est en jeu.

3. Donnez votre véritable nom :

Lorsque vous vous présentez sur un tournage, il vous sera demandé au moins deux papiers d'identité avec photo. N'y allez pas sans eux. Le secteur du porno est régi par une loi fédérale. Vous seriez renvoyé direct chez vous, sans rémunération, si vous vous présentiez sans vos papiers.

4. Ayez une bonne hygiène personnelle :

Bains, douches, cheveux coiffés et propres. Gardez vos ongles manucurés, et, surtout, consultez régulièrement un dentiste : votre sourire sera filmé. Les gros plans pendant les scènes de sexe oral pâtiraient d'une mauvaise hygiène dentaire. Ne laissez pas venir les caries ; les dents cassées ou jaunies vous empêcheraient de travailler.

Lorsque vous êtes sur un tournage, rafraîchissez-vous entre deux scènes de sexe. Dites à l'acteur avec lequel vous travaillez de faire pareil. Faites le premier pas, et soyez aussi propre et frais que vous aimeriez qu'il (ou elle) soit.

5. Soyez ponctuel et toujours prêt à faire tout ce qu'on vous demande :

Une fois que vous vous êtes engagé et que vous avez un horaire, un lieu et un projet à respecter, soyez en avance. Rappelez-vous : vous n'êtes pas la seule personne à s'être engagée à être présente sur place. Pour un film, il y a aussi les autres acteurs, l'équipe de tournage, les maquilleuses, les costumiers, le réalisateur… Si eux réussissent à être à l'heure, vous aussi vous le pouvez.

Si vous faites rater une prise ou que vous arrivez avec beaucoup de retard, vous allez vous faire une réputation méritée de mec peu fiable. Si vous avez un agent, lui aussi hésitera ensuite à vous recommander, car il a sa réputation à défendre. Du coup, vous aurez moins de travail, parce que le temps c'est de l'argent, et le producteur devra quand même payer tout le monde pendant qu'on vous attend. Une des meilleures façons d'être à l'heure est d'avoir votre propre moyen de locomotion. C'est particulièrement vrai à Los Angeles où plus de 80 % des vidéos pour adultes sont tournées et où les transports publics sont plus une nuisance qu'une bénédiction.

Ne comptez que sur vous-même pour être à l'heure sur un tournage. « La voiture qui venait me chercher était en retard » n'est pas une excuse valable. Enfin, ne sortez pas faire la fête toute la nuit avant un tournage. Vous devez avoir l'air frais, et vous aurez besoin de toute votre énergie. Ah oui, j'oubliais : ne pas avoir entendu son réveil sonner est définitivement une mauvaise excuse !

6. Vous êtes payé pour coopérer :

Rappelez-vous que le scénariste, le producteur et le réalisateur vous ont engagé pour tourner un projet tel qu'ils l'ont conçu. La plupart d'entre eux ont passé des heures à développer un projet que vous pourriez ruiner en quelques minutes en vous montrant peu coopératif. Bien que la plupart des réalisateurs admettent les critiques constructives et sollicitent parfois un avis, soyez toujours délicat et n'oubliez jamais qu'ils vous paient pour que vous soyez dans leur film, et non le contraire. Soyez également courtois, aimable et respectueux avec vos collègues de travail. Les « caprices de star » ne sont pas tolérés.

7. Ne pratiquez que les actes sexuels dans lesquels vous vous sentez à l'aise :

Lorsque vous passez un casting ou un entretien pour un rôle dans une vidéo, demandez toujours quels sont les actes sexuels que vous devrez accomplir. Si vous avez une aversion pour un acte spécifique, dites-le à ce moment-là et refusez le rôle.

Par exemple, si on vous demande de jouer dans une vidéo intitulée *Ass Attack*, et que vous avez le sexe anal en horreur, n'acceptez pas le rôle. Si vous êtes une actrice qui n'aime pas faire l'amour avec d'autres femmes, un rôle dans *Interdit aux hommes* n'est certainement pas fait pour vous.

Mais n'attendez pas d'être sur le tournage pour refuser de tourner une séquence. Pour les producteurs, une fois encore, le temps c'est de l'argent. Avant même d'être embauché, spécifiez clairement quels sont les trucs que vous n'aimez pas faire. La seule autre possibilité d'interrompre une scène que vous aviez accepté de tourner consisterait à dire que votre partenaire n'a pas ses papiers de dépistage du VIH…

8. Ne donnez pas d'« échantillon gratuit » à un producteur :

Vous n'avez pas à coucher pour obtenir un emploi. Sachez que la plupart des agents, des directeurs de casting, des réalisateurs et des producteurs ne sont pas obligés, eux, de faire des dépistages du sida. Vous avez été engagé sur la base de votre talent, de votre apparence, de votre réputation et de votre disponibilité. De plus, avoir des relations sexuelles pour obtenir un job ne vous garantit pas que vous le décrocherez.

9. Ne signez pas le formulaire de décharge avant d'avoir été payé :

Vous seriez surpris d'apprendre combien d'actrices se sont laissé berner par des excuses telles que « J'ai oublié mon chéquier, repassez demain ». Le producteur ne peut pas vendre le film avant d'avoir reçu l'autorisation des acteurs ; donc, ne la lui donnez pas jusqu'à ce que vous ayez été payé.

10. Soyez fidèle à votre agent :

Votre agent est la personne qui suit votre carrière en vous dispensant des conseils et en vous fournissant des contacts avec des firmes ; il décroche des auditions, se charge de vos déplacements… et vous tend une épaule sur laquelle pleurer. Ne lui faites pas de tours de cochon et traitez-le bien. Traitez votre agent comme vous souhaiteriez qu'il vous traite.

Chapitre 22

Salope

> L'amour a le regard aiguisé, la haine encore plus, mais c'est la jalousie qui voit le mieux, car c'est de l'amour et de la haine en même temps.
>
> **Luka Magnotta** @Luka_Magnotta

Je n'aurai jamais mon étoile sur Hollywood Boulevard. Pas plus que je ne recevrai de Hot d'Or pour mes prestations dans *His First Huge Cock* 1 et 2 (2003), *Street Bait* (2003) ou *Son of Poseidon* (2004). La seule critique positive que m'a value ma courte carrière dans le porno restera celle du site de « Daddy » :

« Je viens de me faire mon premier petit Canadien. Quand il s'est déshabillé, j'ai été agréablement surpris : il était jeune, bien monté, mignon, avec un de ces culs ! On a parlé un peu pour faire connaissance et j'ai appris qu'il aimait lui aussi le sport. J'aime ce garçon. Bon, après

la tchatche, c'était l'heure de rigoler un peu au lit. On s'est un peu sucé, puis je lui ai mis ma tige dans le cul. Vous allez adorer ce petit Canadien ! Il est hot. »

Dur ! Pour essayer de me sortir de toute cette merde, j'ai eu l'idée de répondre à l'annonce de *Cover Guy*, une télé-réalité de Toronto. Arrive le jour du casting, et quand je me pointe je tombe sur Nina Arsenault, un *trans* hyperconnu sur Toronto, une maîtresse-femme depuis son opération, avec qui (hélas !) j'avais eu une histoire disons tumultueuse qui s'était mal terminée... Bref, pas de bol ! Il sentait la mort avant même de commencer, ce casting...

Le pitch de *Cover Guy*, c'était « À la recherche du nouveau mannequin homme ». Un truc fait pour moi. Des pseudo-mannequins en herbe, des métrosexuels prêts à mourir plutôt que de passer inaperçus, des gitons qui adorent la muscu et éjaculent rien qu'en regardant leur corps, tu secoues un arbre à Toronto et il en tombe vingt... Sans compter les *rednecks* gays qui débarquent de leurs *Bareback Mountains* avec comme fantasme ultime de devenir top model. Le gagnant remportant un contrat de mannequinat avec une société de sous-vêtements, nous devions nous pavaner en slip... Il y avait les timides, les coincés et aussi des exhibos qui n'avaient qu'une hâte : de pouvoir montrer le paquet aux juges ! C'était mon cas.

J'étais chargé comme un mulet. Affuté, malin, drôle, sûr de moi, et surtout là pour gagner. Pour être mannequin, il faut être sûr de soi et que ça se voie. Je voulais surtout me convaincre moi-même que j'étais sûr de moi…

– Bonjour, mon prénom est Luka, mon nom est Magnotta : M.A.G.N.O.T.T.A.

– *Salut, Luka, comment ça va ?*

– Super, merci, et vous ?

– *Tout va bien ici ; bon, tu connais l'émission, je vais te demander de te déshabiller…*

– Oui, bien sûr…

– *Tu as une voix chaude !*

– Oui, on me dit souvent que j'ai la voix grave…

– *Comment fais-tu pour avoir une voix aussi grave* ?

– Eh bien, l'entraînement rend parfait, non ?

– *Tu as quelque chose de l'acteur Ryan Phillippe…*

– Oui, les gens me disent que je ressemble un peu à lui dans *54*, le film, vous connaissez ?

– *C'est aussi un de mes acteurs préférés.*

– Ah oui ?

– *Je pense que tu es pas mal, mais que ton corps est un peu trop malingre…*

– OK, mais, sincèrement, avant j'étais vraiment en surpoids, j'ai perdu beaucoup de kilos…

– *Comment as-tu fait ?*

– Je me réveillais tous les jours à 4 heures du matin pour aller courir. Les gens me disaient : « Oh, arrête de courir ! », mais j'ai continué…

– *Qu'est-ce que tu entends par « surpoids » ?*

– Je vous assure, j'étais vraiment trop gros…

– *Est-ce ta couleur naturelle de cheveux ?*

– Non, je les ai fait éclaircir pour changer un peu…

– *C'est bien de dire la vérité : j'avais remarqué tes cheveux teints… Ils sont jaunis, desséchés, ils n'ont pas l'air très sains…*

– C'est vrai, ça arrive parfois…

– (À un autre membre du jury :) *Je pense qu'il est beau, qu'on devrait lui donner sa chance…*

– Merci !

(C'est alors que Nina se réveille et me balance :)

– *Tu sais, Luka, je te trouve pas mal, mais… j'aimerais que tu prennes un peu de poids, que tu t'élargisses d'un peu partout…*

– Ça, aucun problème : je peux le faire, je peux prendre du poids très rapidement, si nécessaire !

(Tu parles ! Nina me file alors le coup de pied de l'âne :)

– *Non, sérieux, je trouve que tu as du potentiel… mais j'aimerais bien te revoir ici l'année prochaine avec un peu plus de poids…*

– (Autre membre du jury :) *Bon, je suis agréablement surprise par ton aspect, tu es mieux que sur tes photos : tes photos sont floues, surexposées… Je trouve qu'il est bien charpenté…*

– Vous savez, tout le monde me dit que je suis incroyablement beau, alors…

– *D'accord, mais tu comprends que je ne peux pas te sélectionner pour* Cover Guy *si tu n'as pas la musculature nécessaire…*

– Mais je peux prendre rapidement du poids !

(Et là, Nina cloute mon cercueil :)

– *Oh, darling, je sais bien que tu peux, mais... pour dans deux semaines ?*

(Salope !)

Nina Arsenault était là, face à moi, et elle faisait celle qui ne me reconnaissait pas ! Nina, c'est une vraie star de l'*underground*, très hype à Toronto, une transsexuelle glam, une diva. Une intello, aussi. Jeune, « il » a été professeur à l'Université de York. Puis a subi soixante opérations de chirurgie esthétique pour devenir une femme. Nina en a fait un *One Woman Show* au Canada, ça raconte toute son évolution physique et mentale jusqu'à la bombasse qu'elle est aujourd'hui. Elle a été strip-teaseuse à Toronto, a eu beaucoup de succès avec les hommes hétéros, ou bi comme moi, et m'a initié à des trucs pas racontables ici. Elle sait ce qu'il en coûte pour passer devant une caméra pour un tel casting et elle en joue. Elle n'a pas peur d'être franche avec les mecs. Certains types se sont présentés en fanfaronnant : « J'ai tout ce qu'il faut pour être un "Cover Guy" ! » Elle répondait, glaciale : « Ah ouais ? Prouve-le-moi. Montre. »

Je prends sur moi, je ne me laisse pas démonter. Mais je sens monter en moi le vertige, je sens le souffle du couperet avant même qu'il ne tombe :

– (Un membre du jury :) *Attendez, pourquoi faudrait-il que ce soit forcément une brute sur-musclée ? Ce concours est ouvert à tous, tout le monde doit avoir une chance, et moi je pense qu'il aurait ses chances...*

– Je peux le faire, je peux prendre du muscle, je vais travailler. Vous savez, je suis quelqu'un de très déterminé. Chaque fois que je me fixe un objectif, je le dépasse...

Mais c'est fini. Suivant !

LARRY PELOSO (producteur de Cover Guy*) : « Luka a été très déçu. Quand il est ressorti, il a demandé à voir le présentateur de l'émission. Il lui a dit qu'il avait trouvé Nina Arsenault trop dure avec lui. Mais je ne pense pas que ce soit sa relation passée avec Luka qui a conduit Nina à ne pas le retenir pour l'émission. La vérité est que Nina ne retenait que ceux qui avaient un beau cul : c'était essentiel pour elle !*

Il faut avoir des fessiers avantageux pour pouvoir mettre en valeur le slip. Ce n'est pas un truc sur lequel on peut tricher. On l'a ou on ne l'a pas. Il faut avoir le look, le corps, et puis "ce qu'il faut". Par look on voulait dire tout ce qui relève du visuel : les traits du visage, par exemple. Le corps : pas besoin de faire un dessin. Et ce qu'on désignait par le "ce qu'il faut", c'est du charisme, de la confiance en soi, un je-ne-sais-quoi qui peut donner envie au téléspectateur. Du sex-appeal, une sensualité... Luka avait certes un look intéressant, un joli visage, mais le corps ne suivait pas. Quant à savoir s'il avait le "ce qu'il faut"... »

Et Nina, elle en dit quoi ?

NINA ARSENAULT : « J'ai refusé deux cents demandes d'interviews à propos de ma relation avec Luka... Je ne voulais pas tomber dans le trash, *mais donner de ça une vision analytique et sociale… Lorsqu'il est venu à* Cover Guy, *c'était bien longtemps après notre rupture : à cette époque, moi j'étais encore un homme, et lui était très jeune. Sur* Cover Guy, *il s'était fait à tel point creuser les joues que je ne l'ai pas du tout reconnu, il a fallu qu'il vienne me dire qui il était tant il s'était fait charcuter par la chirurgie plastique. (…) J'ai dit que, pour moi, dans sa quête de gloire, son identité de porn-star avait largement contribué à le conduire à la démence, en ce sens qu'après, il ne pouvait que passer au stade supérieur, avec un* snuff movie. *Il s'était bâti un tel personnage* online *que le* snuff *était le couronnement de son auto-marketing viral. Souvenez-vous de la question clé que posaient les ancêtres, dans le show-biz : "Jusqu'où es-tu prêt à descendre pour monter ? Serais-tu capable de tuer pour y arriver ? À mourir pour ça ?"* »

La réponse est oui, Nina.

CHAPITRE 23

La Dianétique expliquée par Luka

« Lorsque vous croyez à quelque chose, croyez-y à fond, sans vous poser de questions. »

WALT DISNEY

Luka Magnotta @Luka_Magnotta

« Quand je n'avais plus personne, l'Église était là pour moi. Grâce à la Scientologie, des gens atteignent partout dans le monde l'objectif longtemps recherché de la libération spirituelle et personnelle.

Tout le monde connaît un moment déterminant dans sa vie. Ce peut être d'avoir 15 de moyenne à l'école ou d'être le joueur le plus coté d'une équipe de basket. Qu'il semble grand ou petit pour le reste du monde, ce moment est EXTRA pour la personne qui le vit. Parfois, ce moment-là est heureux, comme dans mes premiers exemples.

Je m'appelle Luka Magnotta et voici l'histoire de mon implication dans l'Église de scientologie.

La Scientologie c'est quoi, me demanderez-vous ?

Le mot signifie "étude de la vérité". Il vient du latin "scio", qui veut dire "connaissance au sens le plus large du mot", et du grec "logos", qui veut dire "étude de".

La Scientologie est l'étude et la gestion de l'esprit dans la relation à soi, aux autres et à la vie. La religion de la Scientologie comprend un ensemble de connaissances tirées de certaines données fondamentales.

L'homme est un être immortel et spirituel. Son expérience s'étend bien au-delà d'une seule existence. Ses capacités sont illimitées, même si elles ne se concrétisent pas, et ces capacités-là peuvent être atteintes. Il est capable non seulement de résoudre ses propres problèmes, de réaliser ses objectifs et d'accéder à un bonheur durable, mais aussi d'atteindre des niveaux de conscience et de capacité plus élevés.

La Scientologie ne demande à personne d'accepter quoi que ce soit sans preuve, ou même d'avoir la foi. Ce qui est vrai pour vous est ce que vous avez reconnu comme étant vrai. Une personne découvre par elle-même le bien-fondé de la Scientologie en appliquant individuellement ses principes et en observant ou ressentant les résultats.

Je ne me sens plus seul, maintenant que j'ai la connaissance nécessaire. Alors que je marchais un soir dans les rues de Toronto, j'ai été abordé par une femme sympathique qui m'a offert un *stress test*. J'ai été heureux d'entrer dans le bâtiment et j'ai été surpris de la justesse et de la précision de ce qu'elle me disait.

J'ai acheté des livres, dont l'un intitulé *La Dianétique*, de L. Ron Hubbard. La dianétique est un ensemble d'idées et de pratiques concernant la relation entre l'esprit, l'âme et le corps, développées par cet auteur. Selon Hubbard, les problèmes mentaux, psychosomatiques, physiques, sont causés par des traces traumatiques appelées *engrammes*, stockées dans l'esprit réactif. L'objectif de la dianétique est de se débarrasser de cette partie de l'esprit. Selon Hubbard, une fois parvenu à cet état, l'individu devient capable de fonctionner suivant son meilleur potentiel.

J'ai fini par quitter le bureau de la dame et me suis alors rendu compte fortuitement que j'avais oublié ma Rolex… Un des scientologues m'a rattrapé en courant pour me la rendre, ce qui montre à quel point ces gens-là sont honnêtes et bien intentionnés.

Cela m'ennuie vraiment d'entendre sans cesse des fausses rumeurs comme quoi "l'Église est une secte", ou "ça n'est rien d'autre que du lavage de cerveau"… Laissez-moi vous dire quelque chose : je n'ai vécu que de bonnes choses en allant à l'Église, ça a changé ma vie. Je n'ai personne, aucune famille ou ami à qui je peux faire confiance, et l'Église est comme ma famille, chaque fois que j'y vais.

Je me rends compte que les gens se sentent souvent impuissants par rapport aux nombreux aspects de la vie qui échappent à notre contrôle. Je sais que la vie est courte. La mort est quelque chose que les scientifiques tentent continuellement de contrôler, comprendre et surmonter. Pourtant, la seule chose que nous puissions faire contre elle est d'en repousser l'échéance, à quelques reprises et pendant une courte période. Je vous accorde que la vie est imprévisible et que ses événements ne sont pas gérés de la même façon chez tout le monde. Toutefois, je crois que certains traits sont en chacun de nous. Ce que nous en faisons dépend de nous. Les gens choisissent ainsi comment ils sont affectés par leur environnement. Il est compréhensible qu'il puisse être plus facile, pour certains, de "voir le bon côté des choses" et de "tenir le coup", que pour d'autres. Cependant, nous avons le choix : celui de continuer ou de "passer à autre chose". Nous avons tous la possibilité d'abandonner, de dire que certaines mauvaises expériences sont "la goutte d'eau qui fait déborder le vase", et de ne pas les laisser nous tirer vers le bas.

J'ai subi tellement d'épreuves dans ma vie... Après avoir lu les livres de Hubbard, j'ai réalisé que la vie peut devenir meilleure, et pas pire. Je le répète : Tom Cruise est l'une de mes idoles, je l'ai toujours admiré pour son action caritative et son mode de vie personnel. Il aide tout le monde et n'importe qui dès qu'il le peut. Quand j'étais petit garçon, je faisais tous les soirs le vœu qu'il m'adopte. Même ma petite amie, quand j'étais adolescent, savait combien je l'admirais. Je connais sa carrière depuis le début. Ça me fait mal lorsque les gens disent des choses négatives sur cet homme bon, et sur l'Église, alors qu'ils ont tous deux aidé tant de personnes ! Parfois, la vie “nous frappe lorsque nous sommes à terre”, parfois elle nous élève à des hauteurs plus élevées que nous ne pourrions jamais imaginer.

Lorsqu'on est sans cesse tiré vers le bas, on a parfois besoin d'un coup de main pour se remettre sur pied. La clé, pour vivre une vie équilibrée, est de se rappeler nos pires moments lors des moments les plus heureux. Et vice versa : il faut se rappeler nos moments les plus heureux quand nous sommes vraiment désespérés, pour nous rendre compte que la vie n'a pas été complètement injuste envers nous, et réaliser que notre existence entière n'a pas été épouvantable. Il est évident que ce n'est pas la seule chose dont on a besoin pour garder la tête hors de l'eau, mais c'est certainement un point de départ.

L. Ron Hubbard est le fondateur de la Scientologie. Sa philosophie tient en plus de cinq mille écrits, y compris des dizaines de livres et trois mille cours enregistrés sur bandes. Ceux qui suivent régulièrement ses enseignements pour s'améliorer et aider leur prochain viennent de tous les horizons. La renommée universelle de l'homme – milliers de récompenses, popularité sans précédent de ses œuvres dans tous les pays – est l'un des indicateurs de l'efficacité de sa méthode. Plus important encore, il y a des millions de personnes dans le monde entier qui considèrent qu'ils n'ont pas de meilleur ami que lui.

Imaginez maintenant ce qu'il a vécu. Imaginez que vous êtes au plus haut de votre vie. Vous avez le pouvoir politique, aucun ennemi ne peut vous mettre en danger. Imaginez qu'il ne vous manque rien. Imaginez que vous avez tout l'argent dont vous aurez jamais besoin, et que vous avez toute la nourriture que vous pourriez exiger. Imaginez que personne ne peut vous blesser physiquement. Imaginez que vous donnez constamment de l'argent aux moins bien lotis. Vous faites du bénévolat en permanence et distribuez de l'argent pour nourrir les sans-abri. Vous avez passé toute votre vie à aider les autres, et pendant toute votre vie les gens que vous avez essayé d'aider vous ont raillé à cause de votre pouvoir. Ils vous détestent à cause de votre vie parfaite. Ils citent votre nom uniquement pour vous insulter. Pensez au chagrin que vous ressentez quand vous entendez en permanence vous dénigrer les gens à qui vous avez consacré toute votre vie. Sentez les larmes vous monter aux yeux quand vous lisez de la haine dans le cœur des gens à qui vous avez donné votre amour depuis aussi longtemps que vous en avez souvenir. Imaginez maintenant que vous avez l'occasion d'aider tous ces gens par une seule et unique action. Que vous pouvez leur donner à tous l'occasion de s'améliorer en faisant juste une seule chose. Vous devez renoncer à toutes vos possessions, à tout ce qui rend votre vie meilleure que la leur, et vivre parmi eux pour mourir d'une mort horrible des mains de ceux que vous aidez.

Ne pouvoir se fier à personne est difficile, et pourtant je risquerais ma vie pour sauver ou aider ceux que j'aime. La Scientologie a changé ma façon de penser et, bien sûr, dans le passé, j'ai fait de mauvaises choses, qui peut dire le contraire ? Mais j'ai appris de mes erreurs et de mes expériences négatives. Tout advient pour une raison précise, je crois, et je suis maintenant quelqu'un de plus fort, après avoir traversé tant d'épreuves. Tom Cruise m'a inspiré. Je l'en remercie. Je ne veux pas que mon passé décide de mon avenir. Mon objectif principal dans la vie est d'aider les autres et de me rendre heureux en devenant mannequin et acteur, ce que j'ai très bien réussi jusqu'ici…

Est-ce que vous seriez prêt à faire de même ? Êtes-vous comme Jésus ? Pourriez-vous abandonner une vie quasi parfaite pour aider votre prochain ? Seriez-vous prêt à être torturé, roué de coups, à ce qu'on vous crache dessus, qu'on vous méprise et vous maudisse ouvertement, uniquement pour aider votre prochain ? Je doute que vous puissiez dire que vous y seriez prêt pour tout le monde. Vous pourriez peut-être donner tout ce que vous avez et vous sacrifier par amour pour quelques-uns. Vous pourriez être prêt à mourir pour votre famille, vos enfants, vos parents, vos amis, vos copines ou copains. Maintenant, pensez à ça : et le type qui vous cassait la gueule en primaire ? et le type qui vous a fait une queue de poisson sur l'autoroute et qui vous a fait un doigt d'honneur parce qu'il était en retard ? Et Timothy McVeigh ? Et Jeffrey Dahmer ? Et les pédophiles, les violeurs, les meurtriers, les voleurs, les traîtres, les colporteurs de ragots, les menteurs ? Seriez-vous prêt à donner votre vie pour eux ? Est-ce que vous pourriez entrer chez Jeffrey Dahmer, sachant qu'il va vous tuer en vous torturant de la manière la plus horrible, si, faisant cela, vous aviez l'occasion de rendre sa vie meilleure ? Je doute que vous puissiez répondre oui. Si vous pensez encore que vous pouvez dire oui, pensez aussi à ceci : même si vous le faites, ça ne signifie pas nécessairement que les gens pour lesquels vous mourrez choisiront d'amender leur propre vie. Ils peuvent continuer à vous détester ; ils peuvent continuer à vivre cette vie dénuée de sens qu'ils ont toujours vécue, au lieu de saisir l'opportunité que vous leur offrez en vous sacrifiant. Pouvez-vous encore le faire ?

Il me semble que si vous continuez à vous lamenter à cause de tous les problèmes qui vous tombent dessus si injustement, c'est que vous avez besoin de lire un peu plus la Bible : il vous faut comprendre la persécution que Jésus a endurée pour vous protéger de vous-même. Il n'avait rien fait pour mériter ce châtiment. Cependant, il a été puni de son vivant de façon plus brutale que la plupart d'entre nous ne le subirons jamais. Il a renoncé à tout ce à quoi nous ne pourrons jamais rêver pour sauver le meurtrier, le voleur… et vous ! Comment pouvez-vous mener votre vie en restant indifférent au sort de quelqu'un qui a tant fait pour vous ? Si votre ami vous donne 50 dollars pour votre anniversaire, vous irez vite le remercier et vous ferez en sorte de vous souvenir du jour de son propre anniversaire. Si votre frère vous prête sa voiture pour votre rendez-vous amoureux du vendredi soir, vous serez probablement enclin à faire un sacrifice pour lui, la prochaine fois que vous en aurez l'occasion. Et pourtant, beaucoup de gens ne prennent pas le temps de songer à Jésus régulièrement, lui qui a fait une chose infiniment plus importante pour tous et pour chacun. Chacun de nous doit prendre chaque jour le temps de remercier Dieu pour ce qu'Il a fait pour nous, chacun de nous doit vivre chaque jour en se souvenant, quelle que soit la dureté de nos vies, que Jésus a vécu la même chose, ou pire, et que peu importe la qualité de nos vies, si Jésus a renoncé à bien plus que cela pour nous aider ! S'en souvenir devrait être plus que suffisant pour nous hisser au-dessus de notre horizon quotidien ou en cas de catastrophe.

Ne pensez pas que je fasse ici un sermon, que je passe ma vie à faire tout ce que je dis ici, j'énonce ce que vous devriez faire. Je ne consacre pas assez de temps à faire ce que je devrais faire. Cette leçon s'applique à moi tout autant qu'elle s'applique à chacun de vous. Je ne demande qu'à être parfait : car "tous ont péché et sont privés de la gloire de Dieu". Tout ce que j'espère, c'est vous aider tous à faire le lien avec une part de ce que Jésus a fait pour vous, et vous rappeler pourquoi vous devez supporter les souffrances de la vie, en sorte de respecter sa volonté. Je tiens à vous rappeler à tous pourquoi vous devez vivre en renonçant à certains plaisirs physiques dont vous pourriez profiter si ça n'était pas "mauvais". J'espère que chacun de ceux, parmi vous, qui n'a pas encore été sauvé, réalisera ce qu'il doit faire et se sentira obligé d'exprimer sa gratitude envers celui qui a renoncé à tout pour lui.

J'aime aider les gens, cela me rend heureux. Si je peux faire sourire quelqu'un, je sais que j'ai fait du bon travail. Avec le mannequinat et les films, je peux m'exprimer. Ça me rend heureux, ça m'épanouit de réaliser mon rêve.

Je tiens à remettre les pendules à l'heure, avant de terminer, à l'intention de ceux d'entre vous qui prétendent avoir été “trompés” par l'Église : c'est votre opinion, et vous avez le droit de l'exprimer ; mais parmi ceux d'entre vous qui ne savez rien de l'Église, comment certains peuvent-ils la dénigrer ? Cela ne fait-il pas d'eux des hypocrites ?

La chose à retenir, c'est : ne dites pas de mal de la Scientologie avant de l'avoir essayée. »

Oui, j'étais sacrément chaud quand j'ai écrit ça. J'y croyais si dur que c'est pour ça que j'ai officiellement changé de nom, pour renaître.

Et puis, j'ai laissé tomber : « Tous ont péché et sont privés de la gloire de Dieu. »

CHAPITRE 24

Le mec le plus canon du monde

> Il faut toujours être conscient de la différence entre ce que l'on a et ce qu'on mérite.
>
> **Luka Magnotta** @Luka_Magnotta

La vérité est que j'ai toujours été amoureux de moi-même. La personne que je désire le plus au monde, c'est moi. Je sais ce que vous pensez : « Ce type est dingue ! » Non, je ne le suis pas.

Attention : je ne suis pas certain d'être réellement gay ; non, je crois que je suis bisexuel. Mais si j'étais gay, alors là je voudrais m'épouser, direct !

Simplement je pense être le mec le plus canon du monde.

Me regarder encore et encore, je ne m'en lasse pas. C'est peut-être ça qui me manque le plus ici, à Rivière-des-Prairies… Je suis seul, désespérément. Je ne peux plus me voir. Je n'ai même pas de miroir. Pour que je ne me taillade pas les veines, sans doute... Je suis confiné à l'isolement, pavillon des dingos. Ils me traitent carrément comme Hannibal Lecter. Et m'engraissent comme un poulet en vue du procès !

Même le chef du syndicat des matons a gueulé, paraît-il, quand on m'a amené de l'aéroport, après mon extradition... Déjà que mon petit retour en CC150 Polaris aux couleurs du Canada avait coûté 375 000 dollars... *« C'est pas un terroriste international, que je sache, alors ça veut dire quoi, tous ces 4 × 4 et ces motards ? On aurait pu se contenter d'un banal fourgon ! C'est ridicule, tout ce pognon qu'on claque pour faire le show à l'intention des médias ! »*

Dire que j'ai tout fait pour être beau, toujours plus sexy, et que je m'empâte, avec les doses de neuroleptiques par-dessus le marché.

Tout a commencé par un manque de confiance en moi. À cause de mon visage, quand j'étais adolescent : j'avais de l'acné et j'ai donc fait un peeling au laser. À la sortie, je ressemblais à un homard. J'ai regretté, car ça a aggravé mon acné. Je subissais une énorme pression, à cause de mes camarades d'école qui se foutaient de ma gueule, non-stop. Je pense que mon désir d'être aussi physiquement parfait vient de la cruauté que j'ai endurée de la part des autres enfants qui se moquaient de moi, à l'école...

La chirurgie esthétique est une addiction comme une autre. Pour la deuxième fois en cinq mois, je viens de subir une greffe de cheveux. Maintenant je ne peux plus sentir ma tête, ils m'ont sectionné les nerfs, derrière, pour pouvoir récupérer les greffons.

Si vous pensez que la chirurgie esthétique est uniquement réservée aux femmes, vous avez tort. De plus en plus d'hommes y ont recours.

Je m'appelle Luka Magnotta, aujourd'hui je suis un mec de vingt-quatre ans, et, à ce jour, j'ai subi cinq opérations de chirurgie cosmétique.

C'est vers les vingt ans que je me suis fait tirer les paupières pour ne pas avoir l'air vieux. Mes yeux sont mieux, mais j'ai alors perdu plein d'amis qui pensaient que j'étais dingue. Ils me faisaient des commentaires du genre : « T'es beaucoup trop jeune pour ça », ou « Tu n'en as absolument pas besoin… » Peut-être qu'à l'extérieur je n'en avais pas besoin, mais à l'intérieur, c'était devenu un impératif. Je pouvais voir un million de défauts différents chaque fois que je me regardais dans la glace. Soit cinq à six fois par jour.

L'autre jour, j'achète de l'alcool, et la caissière ne me demande pas de papier d'identité prouvant que je suis majeur. Pour la première fois j'ai paniqué. Je venais de comprendre que j'avais *déjà* l'air vieux. Donc, j'ai fait refaire le contour de ma bouche. On m'a fait des injections de Juviderm dans le visage, je n'ai pas pu bouger les lèvres de trois jours. C'est un peu comme du Botox.

Tout le monde à ce moment-là avait peur pour moi. Je faisais tout le temps de la gym, parce qu'on m'avait dit que je ne pesais pas assez. Je suis mannequin et la pression du métier me fait terriblement stresser. Alors, une fois de plus, je suis allé trouver le chirurgien.

Cette addiction faisait de moi le client idéal pour passer le casting de « *Plastic Makes Perfect* », le show télé à la gloire de la chirurgie esthétique. Je m'y suis précipité pour un GRAND numéro.

– *Commencez par décliner votre nom et votre âge.*

– OK, mon nom est Luka Magnotta, et j'ai vingt-cinq ans.

– *Que faites-vous dans la vie ?*

– Mannequin.

– *C'est cela, oui. Voulez-vous me parler de ce que vous faites ?*

– Pas de souci : je fais des photos pour adultes, et des films aussi ; donc je suis plutôt à l'aise devant les caméras.

– *Et vous faites ça à temps plein ?*

– Oui, à temps plein : les films, des magazines, Internet… Ça marche plutôt bien pour moi.

– *Et vous le faites depuis combien de temps ?*

– Environ deux ans, de façon intermittente. Je voyage pas mal, puis je reviens et je fais des photos. Je vais à Montréal, Los Angeles…

– *Partout où l'on fait des photos, quoi !*

– Oui, c'est ça !

– *Voulez-vous me parler de l'opération que vous allez subir ?*

– Eh bien, c'est là, derrière la tête ; j'en ai déjà fait deux...

– *Dites-moi exactement de quoi il s'agit.*

– L'arrière de ma tête est « congelé ». Je reste éveillé pendant l'opération, il n'y a pas d'anesthésie totale ; en pratique, ils vont inciser l'arrière de mon crâne et décoller une bande de peau, puis ils vont la mettre de côté et travailler dessus pendant quelques heures, en prélevant chaque cheveu un à un. Après, ils me recousent la tête, ce qui peut prendre environ une heure…

– *Et ils repoussent la peau vers le bas ?*

– Oui, ils la tirent vers le bas et me recousent. Pendant que les infirmières ont travaillé à retirer les cheveux de la bande de peau, le médecin a regardé où les placer pour que ça ait l'air le plus naturel possible. Comme vous pouvez le voir ici, tous les cheveux poussent plutôt bien ; avant, j'étais dégarni… En pratique, ils prennent chaque cheveu et me le replantent sur le crâne…

– *Là où il y en a besoin…*

– Oui, mais bon : il n'empêche qu'à l'arrière de mon crâne, c'est un peu dégarni, et chaque fois que je regarde, c'est pire, alors je veux stopper ça, net. Je ne peux pas me présenter comme ça, comme si j'avais cinquante berges alors que je n'en ai que vingt-cinq, OK ? Je veux que ce soit réussi. Et puis, j'ai subi d'autres opérations par le passé, j'y suis habitué…

– *Quelles autres opérations ?*

– Là, sous les yeux, j'avais des cernes noirs, on aurait dit que j'étais tout le temps fatigué, puis je me suis fait refaire le nez ; j'ai déjà eu deux greffes de cheveux (ça, je l'ai déjà dit), et je prévois une greffe de muscles, au torse et aux épaules, mais bon, on verra, car…

– *Vous pensez être accro ?*

– *(Je rigole)* Euh, oui : mon nom est Luka et je suis accro à la chirurgie esthétique ! Mais, pour être honnête, je pense l'être à cause de ma profession. Je veille à mon aspect à cause des autres… Je suis tout le temps entouré de « très beaux spécimens », et je me compare à eux ; donc j'ai en réalité besoin de m'améliorer, et c'est pour cela que je me fais faire ces opérations.

– *Vous ressentez le plus cette pression dans le mannequinat ou dans le porno ?*

– Dans les deux, car ce sont des secteurs où la concurrence est terrible, il faut être tout le temps au top, on ressent beaucoup de stress et d'anxiété… Oui, je dirais les deux, vraiment.

– *La pression vient du besoin d'être beau à tout prix ?*

– Oui, car quand vous êtes sur le plateau avec d'autres et que vous les regardez, vous commencez à remarquer tous vos menus défauts… Il y a toujours quelqu'un avec un corps, un type de visage ou des cheveux qui me rendent jaloux, et je commence à me comparer à lui : lui a plein de cheveux et je veux alors des cheveux comme lui, ou son nez est parfait et j'aspire à améliorer le mien… Le visage de cette personne n'a pas de cernes, alors pourquoi devrais-je en avoir, moi, s'il suffit de payer pour les faire disparaître ?… Pas de souci avec ça !

– *Mais, enfin, vous êtes beau comme un dieu, je pense que vous deviez déjà l'être avant ces opérations…*

– Beaucoup de personnes me disent comme vous : « Mais tu n'en as pas besoin ! » Mais si, avant, j'étais beau, je commençais à me faner, et ça me minait, je ne pouvais pas l'accepter. Avant, j'étais dégarni et mon nez n'était pas droit. Maintenant, je prends beaucoup soin de moi, je vais en salle de gym, je fais du sport et mange correctement… Donc, ce serait un peu bizarre si, malgré tout ce régime, j'étais… moche ! Car quand je suis assis sur le fauteuil, chez le coiffeur, et qu'on s'occupe de ma nuque, on me dit : « Vous voulez qu'on laisse un peu plus long, derrière ? On commence à voir vos cicatrices… » Oh, non et non ! Ça, je ne veux pas le savoir, je ne veux pas l'entendre, je suis en plein déni, dans ce cas-là ! Je l'ai tellement entendu répéter, dernièrement, venant d'autres acteurs, au travail : ils ne sont pas gentils, vous savez, ils pointent du doigt l'arrière de ma tête et disent : « Dis donc, Luka, tu sais, là derrière, il semblerait que… » C'est pas gentil, je les arrête net, parce que je ne veux pas l'entendre ! *(Rires.)* Mais ils me le disent quand même et je suis bien obligé de l'entendre, c'est la réalité…

– *Votre aspect : quelle importance lui donnez-vous ?*

– Oh, mon Dieu ! Ça vient en tout premier ! Numéro un, l'aspect ; numéro deux, l'intelligence ; et je ne connais pas les suivants ! *(Rires.)* Vraiment, je prends hyper soin de mon look, surtout en achetant des vêtements… Car, vous savez, quand vous allez à des fêtes ou à des événements, que vous voyagez beaucoup, il vous faut porter quelque chose de nouveau, tout le temps… C'est un monde qui a ses particularités, certains ne peuvent pas le comprendre, il faut être dedans.

– *Avez-vous toujours été obsédé par votre aspect ?*

– Oui, vraiment ; même lorsque j'étais adolescent, les gens me disaient : « Mais qu'est-ce que t'es vaniteux ! » Je ne pouvais pas passer devant un miroir sans me camper devant, me regarder ; dans les restaurants, c'était avec les cuillères, toujours à essayer de me regarder dedans pour voir si rien ne clochait. Ma famille me disait : « T'es complètement obsédé par ton aspect, obsédé par la chirurgie esthétique ; on ne comprend pas que tu veuilles devenir quelqu'un d'aussi différent… »

– Sans compter que tu évolues dans un secteur où il n'est question que de look, non ?

– Absolument. Ce n'est plus comme au lycée où l'aspect est important, mais sans plus, ou comme pour les gens qui occupent des emplois normaux et doivent juste avoir l'air présentable, mais sans avoir besoin d'être parfaits. Quand vous « le » faites devant la caméra, c'est une tout autre histoire. Les gens ne cessent pas de vous juger : si vous n'avez pas le corps qu'il faut, vous n'aurez pas le job, vous ne pourrez rien faire…

– Avez-vous entendu parler de la dysmorphophobie ? Connaissez-vous ce terme ?

– J'en ai entendu parler. Pour faire court, c'est des gens beaux mais qui se croient hideux. Mais je n'y connais pas grand-chose…

– Mais vous, vous ne pensez pas être hideux, vous voulez juste vous améliorer ?

– Si, je crois qu'avant j'étais hideux, puis, avec mes opérations, j'ai commencé à m'améliorer graduellement, mais je crois que je peux être encore plus beau si je vais au bout du chemin et que je termine mon programme d'opérations.

– *Vous pensez que cela vous aidera, dans le secteur des divertissements pour adultes ? Vous aurez davantage de travail, davantage d'argent ?*

– Oui, je décrocherai beaucoup plus de rôles si je fais la greffe de cheveux, car j'ai déjà vu la différence par rapport à avant, quand je n'avais rien fait. Avant, j'ai remarqué que les jobs allaient de plus en plus à d'autres, puis, quand je me suis payé l'opération, j'ai vu que je recommençais à obtenir du travail, donc j'en conclus que si je me fais faire encore d'autres opérations, j'aurai évidemment de plus en plus de travail. Vous savez, je fais de la muscu, mais ce sont d'autres mecs qui obtiennent les rôles, ceux qui ont des corps encore plus carrés… Donc, je vais faire exactement ce qu'ils font, car ça va me procurer plus d'argent… Logique, non ?

– *Donc, vous pensez que cette opération chirurgicale va vous changer la vie ?*

– Oui, je vais me sentir plus sûr de moi, je vais me sentir bien dans ma peau… C'est important d'avoir confiance en soi, de se sentir bien. Si passer sur le billard peut aider à être confiant, je pense que c'est une bonne chose. Les gens imaginent que c'est une expérience terrifiante, mais ça ne fait pas mal : même si je suis éveillé et que je les sens m'inciser le cuir chevelu, ça n'est pas comme si je sentais la douleur, même si ça peut durer des heures et qu'on sent le sang couler dans son cou. OK, c'est un peu sanglant *(Rires)*, voire même très sanglant !

– *Que voyez-vous aujourd'hui, lorsque vous vous regardez dans un miroir ?*

– Des tonnes de petits défauts qui ressortent… Je les vois et je veux les arranger !

– *Et à part ça ? Je veux dire : d'autres interventions, en plus de vos cheveux et de vos muscles… ?*

– Ben, ça peut paraître bizarre, mais j'ai vu ça dans une émission de télé : il y avait un type avec deux petites bosses sur le front. Deux, comme celles que j'ai là sur le front, parce que mes os ressortent un peu… Le type les a fait enlever ; enfin, il ne pouvait le faire faire complètement, sinon son front risquait de s'enfoncer… il a donc dû s'arrêter, mais il l'a fait car il trouvait que ses bosses ressemblaient à des cornes de buffle ! Eh ben, en me regardant dans le miroir, j'ai vu que j'avais ça, moi aussi, qui poussait, une bosse ici, l'autre là, et je tiens à les faire disparaître de mon front. En plus elles deviennent de plus en plus grosses, je veux les faire enlever…

– *Vous croyez qu'un jour, vous mettrez un terme à ces opérations ? Ou bien ne serez-vous jamais satisfait de votre aspect ?*

– J'en sais rien. Je veux simplement faire faire ces opérations, même si je dois travailler chaque heure de chaque jour… Tout ce que je sais, c'est que je vais continuer jusqu'à ce que je sois personnellement satisfait. Peu importe si on me dit « Oh, Luka, tu es si beau ! », je n'y crois pas vraiment.

– *Vous avez l'air à l'aise avec la chirurgie esthétique. Croyez-vous que les gens devraient garder ça caché ?*

– Non, je ne pense pas que ça devrait rester secret, ça peut en aider d'autres, car il faut faire profiter les autres de ses expériences. Tout le monde n'est pas forcément beau naturellement ; si quelqu'un disait aux gens comment faire… Car si quelqu'un a l'air parfait, c'est qu'il a suivi tout un processus… Ce serait bien que ce type de personne admette qu'elle s'est fait faire des retouches, ça pourrait aider les autres de savoir qu'elles ne sont pas naturellement des prix de beauté… Si mon expérience peut aider les autres, c'est quelque chose de positif.

– *Et qu'en pense votre famille ?*

– Ils en sont au point où… ils ne me parlent plus ! C'est trop, pour eux. Ils en ont assez, nous avons des différends sur ce type de choses. La situation entre nous est devenue très stressante… Tout ce qui touche à ma vie les dépasse… Je pense que, pour l'instant, ils sont en train de faire une pause !

– *Ils sont en congé !?*

– Oui. *(Rires.)*

– *Et en ce qui concerne vos amis ?*

– Eux, ils me disent tout le temps : « Ne t'en fais pas, tu es bien, ne t'inquiète pas ! » Mais, honnêtement, ils ne comprennent pas ma position. Car, vous voyez, si je n'ai pas mon corps en beauté, je n'ai pas de vie. Ma beauté et mon corps sont toute ma vie.

– *Mais, dans votre job, il doit y en avoir d'autres qui ont subi des opérations de chirurgie esthétique ?*

– Oui, beaucoup de femmes avec des implants mammaires, des faux seins... Je connais aussi des hommes qui ont fait refaire leur nez ou leurs dents. Moi aussi, j'ai fait refaire mes dents, mais je ne vous l'ai pas dit, car je ne pense pas que ce soit une intervention importante.

– *Du vernis ?*

– Non, je les ai fait limer et blanchir, je les ai fait redresser... J'ai dépensé plein d'argent pour mes dents...

– *Moi, j'ai déjà regardé des films pour adultes, et, franchement, les mecs ne sont pas beaux !*

– Ooh ! *(Rires.)*

– *Mais il y a peut-être eu des changements dans l'industrie du porno ? Il y a maintenant beaucoup de pression pour n'avoir que des mecs super beaux ?*

– Ce que je peux dire, c'est que j'ai vu des pornos où les hommes sont moches : par exemple Ron Jeremy... Ah oui, il est affreux, vraiment dégoûtant ! Maintenant, tout le monde devrait admettre que si tu es beau, tu as plus de fans, donc plus de travail. Le secteur a beaucoup changé depuis les années 1970 et 80, jusqu'au nouveau millénaire. Les hommes ont une approche plus proactive de leur carrière et de leur vie, ils prennent soin de leur aspect : le terme juste est « métrosexuel ». Ils veulent être aussi beaux que leurs compagnes, les femmes.

– *La plupart du temps, ces films sont centrés sur les femmes...*

– Beaucoup de place est accordée aux femmes, oui, mais quand même les hommes aussi doivent être beaux, car il ne faut pas oublier les fans homosexuels… Moi, j'ai des fans homosexuels et je sais que quand je prends soin de moi, je reçois des tas de lettres, bien plus de messages qu'avant. Je pense que je serai encore beaucoup plus apprécié, une fois le travail de chirurgie terminé… Vraiment !

– *OK, y a-t-il autre chose que tu voudrais ajouter, une question que j'aurais oublié de te poser ?*

– Je voudrais juste dire que je suis très excité par tout ça, je crois que ce serait une très bonne opportunité pour moi, je pense que je ferais un candidat parfait ! *(Rires.)*

– *Merci, Luka !*

J'ai pas été pris.

CHAPITRE 25

Même mon chien me déteste

> N'importe qui t'aime lorsqu'il est sur le point de jouir.
>
> **Luka Magnotta** @Luka_Magnotta

J'ai beau être d'une beauté presque divine, la plupart des gens sont pleins de haine à mon endroit. Je me sens très seul.

Pourquoi personne ne m'aime ? Je ne sais pas pourquoi, mais j'ai l'impression que tout le monde me déteste.

Je crois que c'est mon look qui intimide les gens…

Je suis magnifique, et pourtant j'intimide les hommes et les femmes. Les gens ne sont pas bien dans leur peau, parce qu'ils sont moches. Essayez d'être naturellement beau : c'est parfois dur. Les gens prennent les moches en pitié, mais ils n'ont pas pitié des belles personnes. Ils sont jaloux. Je ne suis pas prétentieux, non, je dis les choses comme elles sont.

Même les gens qui disent m'aimer ne m'aiment pas. J'y pense tout le temps. Je me dis que je me fous de ce qu'on pense de moi, mais, en fait, c'est très important. Les voisins me détestent parce qu'ils pensent que je les fais chier. Ma famille me déteste, elle me traite comme de la merde. Mon chien me déteste parce qu'il ne veut pas être proche de moi.

Je ne sais pas. En fait, personne n'a jamais dit qu'il me détestait. Je ne sais pas. La plupart du temps, je me dis que les gens sont jaloux de mon look, de ma personnalité, ils font des complexes quand ils sont à côté de moi, je les surpasse par trop.

Même quand je marche dans la rue, tranquille, les mecs en costard disent : « Il se prend pour un super canon, celui-là », et ils lâchent des commentaires vulgaires. Les gens sont des cons, des débiles. Je n'arrive pas à croire qu'on me manque à ce point de respect.

Mon copain actuel, c'est pareil, il est jaloux de moi parce que je suis magnifique et intelligent, je le surpasse en tout. Il me rabaisse et justifie par là tous ses échecs.

Tous ces petits jeux, je ne les comprends pas. Alors pour me rassurer, je m'envoyais des messages :

• Luka ? Sexy comme l'enfer ! Il est......... Fuck !

• Luka a longtemps été espion en Europe, l'Union soviétique l'avait recruté et il se servait de sa carrière de mannequin comme couverture. Faites gaffe ! Son passé a été écrit pour tromper tout le monde. Personne ne sait rien de lui !

• Luka a un tempérament très agressif, explosif. Un peu comme la Belle et la Bête, sauf que les deux c'est lui. Il est *hot*, mais attention, j'ai vu une vidéo de lui tabassant un mec et l'enculant après !

• J'aimerais tellement l'épouser !!!

• Salut, Luka ! Tu as une vie si parfaite, si géniale ! Je suis si jaloux de ta famille : tu as une femme très mignonne, un fils magnifique, et ta carrière dans l'*entertainment* est en train d'exploser ! Y a tellement de mecs qui te suivent, c'est fou, tu as l'air si heureux ! Ça doit être cool d'être riche et célèbre comme toi !

• Luka Magnotta est une source d'inspiration pour l'humanité.

• Tu as l'air d'être un très gentil garçon que beaucoup jugent trop vite…

• Luka Magnotta a un QI de 138, ce qui veut dire une intelligence supérieure, d'après un article sur lui que je viens de lire… Regardez et réfléchissez-y !

• Luka, à la fin personne n'échappera à sa conscience… Même quand tu traverses l'enfer, tiens bon !… Oublie tous les ratages de ton passé et garde la tête haute… T'es un champion, et ta vie est bien plus heureuse et meilleure que la leur… Ils le savent et tu es fascinant… Les jaloux n'admettent pas que tu aies tout et que ta lumière les éblouisse… Vis ta vie selon tes règles, et envoie crever ces cons !

• Luka je t'aime tellement ! C'était il y a des années… Redonne-moi une chance ! Luka, où te caches-tu ???

• Bon, si je comprends bien, je ne te reverrai jamais de ma vie, Luka ??? J'ai tout essayé pour te retrouver… Où es-tu ? J'ai tenté d'attirer ton attention depuis si longtemps, et rien ???

Fuuuucck !!!!

CHAPITRE 26

Où il est question de l'art malade, mais de l'art quand même

> « À la fin, ce qui importe n'est pas tant le nombre de respirations que vous avez prises, mais combien d'instants vous ont coupé la respiration. »
>
> XIONG
>
> **Luka Magnotta** @Luka_Magnotta

Est-ce que je fais la différence entre la fiction et la réalité ? Bien sûr ! La fiction mène à la réalité, et la réalité dépasse la fiction. C'est bien connu, et je l'ai prouvé, non ?

MA réalité dépasse toutes les fictions.

Le cinéma, en réalité, c'est *out*. La fiction, c'était bien pour la génération d'avant, celle de ma grand-mère, de ma mère et de ma belle-mère.

BORIS CYRULNIK (psychiatre) : « Si vous allez au cinéma pour voir des guerres ou des massacres, vous allez voir une œuvre d'art, c'est-à-dire que l'horreur a été métamorphosée en récit partageable. Il faut comprendre, comprendre pourquoi ça s'est passé, comment ça s'est passé. Or, dans le cas Magnotta, ce n'est pas ça du tout. C'est l'horreur crue, non métabolisée, non sublimée, qui est directement exposée... L'horreur pour l'horreur, pour le plaisir de l'horreur : il n'y a pas de sublimation du tout, il n'y a pas de processus névrotique, puisque la sublimation, qu'on partage tous – y compris votre serviteur –, c'est la transformation de l'horreur, et là il n'y a pas de transformation de l'horreur, il y a exposition *de l'horreur.* »

Je ne vois que deux ou trois films qui, bien qu'ils ne soient pas *réels,* m'aient donné le frisson. En haut de la pile, je mettrais *Salo ou les 120 journées de Sodome*, de Pasolini. Peu de gens ont entendu parler de ce film, en tout cas dans ma génération. À sa sortie, il a même été interdit dans de nombreux pays – dont le Canada – à cause des scènes de viol, de fascisme, de torture, et surtout parce qu'on y mange des excréments. Ça, c'est sûr, ça choque ! Le tout mettant en scène des jeunes hommes et femmes de moins de dix-huit ans. Malgré le fait que ce film sulfureux soit déjà très ancien, son bouche à oreille est arrivé jusqu'à moi. J'ai voulu vérifier par moi-même si c'était aussi dingue que ça. Honnêtement, après l'avoir visionné, je peux vous dire que ça n'est pas vraiment *tout-public* !

Ça se passe dans une petite ville d'Italie. Un groupe de garçons et de filles mineurs sont kidnappés par quatre mecs richissimes et leur troupe d'hommes de main pour assouvir leurs fantasmes sexuels. Le film est composé de quatre parties : l'Enfer de Dante, le Cercle de Merde, le Cercle des Manies et le Cercle de Sang. Soit 120 jours au palais de Salo.

Ça commence par l'examen des captifs. Nous apprenons que la plupart d'entre eux sont vierges et ont grandi dans des écoles catholiques, ou bien ont été scolarisés à domicile. Une pauvre fille a dû regarder sa mère mourir sous ses yeux avant d'être emmenée au palais. Bientôt, les tortures commencent. Les filles sont déshabillées et forcées à servir le dîner à tout le monde. L'une d'elles perd sa virginité en se faisant violer, tandis qu'un homme danse tout autour en montrant son cul à tous. Puis il se joint à la fête et a des rapports sexuels avec un des hommes de garde, sans jamais cesser de sourire de façon agréable. Je ne savais pas ce qui était le plus dégoûtant, la fornication ou le sourire. Après, nous voyons un homme dénommé Duke en train de déféquer sur le sol. Il oblige une des captives à manger sa merde. Cette scène est très *explicite* et dégueulasse. Mais il y a pire : tout le groupe de jeunes garçons et filles se voit servir un gueuleton géant d'étrons pour leur dîner. Plus on avance dans le film, moins les choses vont en s'améliorant... Les garçons sont forcés d'épouser les quatre hommes, puis obligés ensuite à avoir des rapports sexuels avec eux. Les femmes continuent d'être humiliées, violées, torturées. Avant que le film ne se termine, tout le groupe est tué de façons différentes : scalpés, marqués au fer, la langue coupée et les yeux crevés.

Un film malade pour esprits malades.

Le jeu des acteurs est excellent. Vous vous identifiez tout de suite aux captifs et vous aimeriez faire du mal aux gens qui leur font endurer ces choses-là. Les méchants sont ici plus méchants que jamais. Tous arborent des sourires sinistres. Il fut une époque où les gens ont cru que ce film s'inspirait de la réalité sous la république de Salo, à la fin du fascisme italien. Il a ensuite été prouvé que c'était faux, mais le film n'en dégage pas moins une ambiance très réaliste. Excellent travail sur les effets spéciaux. De la torture au festin de merde, tout a l'air aussi vrai que possible. Si le spectateur a envie de vomir à la vue de votre travail, alors vous pouvez dire que vous avez fait du bon boulot !

Le film a été écrit et réalisé par Pier Paolo Pasolini. Je ne sais pas ce que ce mec avait dans la tête, mais c'est un truc de dingue. Les dialogues sont aussi tordus que possible tout en gardant un ton professionnel. En ce qui concerne la façon dont il a filmé, disons qu'il s'est arrangé pour que ça fasse suffisamment réaliste pour que la justice veuille y mettre son grain de sel. Malgré l'ambiance sombre et répugnante, ce film peut être considéré comme une œuvre d'art. De l'art malade, peut-être bien, mais de l'art quand même.

Si vous vous en sentez capable, regardez *Salo*. Vous pouvez le trouver sur Blue-ray, maintenant, dans certains magasins, mais je ne pense pas que vous le trouverez dans un Wal-Mart ou chez Target. Gardez à l'esprit que ce film est à réserver à ceux qui ont le cœur bien accroché. Si vous voulez regarder un sacré morceau d'histoire du cinéma, alors allez-y. Je ne regrette pas d'avoir vu ce film, j'ai juste regretté de ne l'avoir pas regardé avec une bassine auprès de moi.

En second, sur mon podium perso, je place *The Human Centipede (First Sequence)*, un film d'horreur néerlandais écrit et réalisé en 2010 par Tom Six. C'est l'histoire d'un médecin allemand qui kidnappe trois touristes et les soude chirurgicalement les uns aux autres au niveau de la bouche et de l'anus, formant ainsi un « mille-pattes humain ». Selon Six, le concept du film est né d'une plaisanterie proférée devant des amis lorsqu'il suggéra que l'on punisse un agresseur sexuel d'enfants en lui cousant la bouche à l'anus d'un « chauffeur de camion obèse ». Six a tout de suite perçu le potentiel qu'il pouvait exploiter pour en faire un grand film d'horreur, et s'est mis à écrire le scénario.

Il a dit avoir été fortement influencé, en tant que réalisateur, par les premiers films de David Cronenberg et par les films d'horreur japonais. Six dit préférer les films d'horreur « réalistes » aux productions « incroyables » mettant en scène des monstres, et être allergique à tout film politiquement correct. Ses principales influences pour *The Human Centipede* sont *Salo* de Pasolini et le travail du réalisateur japonais Takashi Miike. Six a également exprimé son admiration pour les œuvres de David Lynch, mais c'est la série hollandaise *Big Brother* qui l'a le plus inspiré, car il a eu la preuve, en la regardant, que les vrais gens, quand ils sont seuls et pensent qu'ils ne peuvent être vus, se livrent à des choses délirantes. Six a aussi déclaré qu'il avait puisé l'inspiration de son film dans les expériences médicales nazies perpétrées au cours de la Seconde Guerre mondiale, par exemple les expérimentations de Josef Mengele à Auschwitz.

Lorsqu'il a recherché des investisseurs, avant le tournage, Six s'est abstenu de mentionner l'aspect « bouche-à-anus » de l'intrigue, craignant que ça ne fasse fuir d'éventuels bailleurs de fonds ! Les producteurs de *The Human Centipede* n'ont découvert le sujet complet du film qu'à sa sortie. Il a été accueilli par des critiques plutôt mitigées de la part des chroniqueurs de cinéma grand public, mais ça ne l'a pas empêché de remporter plusieurs distinctions dans des festivals internationaux.

Mais le cinéma, c'est du passé. Aujourd'hui, les kids veulent du réel ! La fiction, les effets spéciaux, les jeux vidéos, les productions hollywoodiennes, ils en ont bouffé non-stop ! Ça leur a fait péter la cervelle. Le net a repoussé les limites. Les enfants veulent du *vrai*.

Alors je leur en ai donné.

Un jour ou l'autre, ils feront un film sur moi. Parce que j'incarne ma génération comme James Dean a incarné la sienne. Je suis le nouveau James Dean. D'ailleurs, tout le monde m'appelle Jimmy, comme lui. C'est pour ça que je l'avais pris comme nom d'escort. Lui et moi, on est frères.

CHAPITRE 27

Où je démontre que je suis le James Dean du XXIe siècle

« Si un homme peut combler l'écart entre la vie et la mort, s'il peut continuer à exister après sa mort, alors c'était peut-être un grand homme. »

JAMES DEAN

Luka Magnotta @Luka_Magnotta

Michael Jackson aussi était beau. C'était une star immense qui a inspiré des millions de personnes. Il a changé le monde de la musique. Sa voix à couper le souffle, ses mouvements de danse incroyables : il sera toujours le « Roi de la Pop », mais, pour certains, il était bien plus que ça. Il a tant souffert. Il est mort si tôt et nous sommes tous en deuil. Mes pensées vont à sa famille et à ses amis.

À ses fans, je demande de prier pour cet homme. N'oubliez pas que la plupart de la musique que vous écoutez n'existerait pas sans lui.

Dieu le bénisse, j'espère qu'il a rejoint ceux qu'il a perdus.

Il va me manquer, il manquera à ma famille, à tous les peuples du monde.

Repose en paix, mon idole : je prierai pour toi, toujours et à jamais.

Heureusement, il nous reste la Madone…

Les chansons de Madonna me remontent le moral. « *True Blue* »… Cette chanson-là m'a consolé de plus d'une séparation difficile. Elle me rappelle un tas de souvenirs affreux, mais aussi de souvenirs heureux. L'amour de ma vie et moi… Nous avions tant de problèmes. Madonna nous a aidés, à sa façon… J'adore les paroles :

> « *I've had other guys*
> *I've looked into their eyes…* »

Madonna, pour moi, c'est la réincarnation de Marilyn Monroe.

En tout cas, vachement plus que Sherrie Laird… Vous ne connaissiez pas Sherrie Laird ? Moi non plus ! Jusqu'à ce que je découvre qu'un psychiatre renommé, Adrian Finkelstein, se dise convaincu que cette chanteuse de Toronto est la réincarnation de MARILYN MONROE ! Finkelstein a été contacté par elle en 1998, elle lui a demandé de l'aider après qu'une série de rêves et d'expériences étranges l'eurent amenée à croire que Marilyn s'exprimait toujours à travers elle. J'adore ! Le psychiatre a conduit une série d'entretiens et de séances d'hypnose pour déterminer la crédibilité de sa patiente, et huit ans après, il est formel : Laird est bien la réincarnation de Monroe ! « J'ai été formé en tant que psychiatre à évaluer le comportement humain. Je sais reconnaître un affabulateur, dit-il ; quand Sherrie m'a contacté en 1998, je l'ai analysée comme étant tourmentée, comme quelqu'un qui cherchait à se soulager de quelque chose. » Pour convaincre les sceptiques et les fans indignés de Monroe, Finkelstein a filmé pour CNN une récente séance d'hypnose avec Laird. Au cours de la session, s'exprimant avec difficulté dans la peau de Monroe, Laird révèle qu'elle a eu sa première expérience sexuelle avec John F. Kennedy sur le siège arrière d'une voiture, et qu'elle a vu le Président pour la dernière fois deux mois avant sa mort, en 1962. Sous hypnose, Laird déclare aussi qu'elle n'a « pas été assassinée », quand Finkelstein lui demande de parler de son décès. La séance se termine de façon dramatique quand Laird, en pleurs, crie « Oh, mon Dieu... Non... Non... Aidez-moi ! » Interviewée après sa transe télévisée, elle a déclaré : « J'avais l'impression de mourir. » Pour Finkelstein, « dans cette situation particulière, elle est vraiment, vraiment convaincante ! »

Du coup, j'ai fait des recherches sur la mort de Marilyn Monroe... Faut se rappeler que si Marilyn était immensément populaire de son vivant, elle l'est encore bien plus maintenant. Même moi, je n'ai pu résister, je me suis fait photographier près de son étoile, sur Hollywood Boulevard. La hausse de sa popularité depuis sa mort est un tel phénomène... Elle reste une source constante de fascination pour ses biographes, pour les critiques de films et pour ses fans.

Sans doute notre intérêt pour Marilyn est-il dû à sa mort prématurée et aux mystérieuses circonstances qui l'entourent.

Si je meurs, vous verrez que moi aussi je deviendrai culte. Enfin, encore plus que maintenant…

Régulièrement, des enquêteurs font tout pour persuader la police de Los Angeles de rouvrir le dossier. Les rumeurs de nouveaux indices vont bon train dans les médias, et, à chaque fois, des éléments d'information inédits sont révélés.

En 1974, Robert Slatzer, un ami de passage de Marilyn, qui prétend l'avoir épousée en 1953, a écrit un livre affirmant que la star avait été assassinée.

Intitulé *Vie et mort étrange de Marilyn Monroe*, le livre raconte sa relation avec les frères Kennedy pour arriver à une conclusion provocante mais, au final, assez peu convaincante : la théorie du complot. Slatzer a engagé Milo Speriglio, un détective privé, pour obtenir des preuves tangibles afin d'étayer sa théorie. Speriglio a consacré plus de quinze ans à l'affaire et prétend savoir qui a tué Marilyn, et pourquoi, même s'il ne peut pas le prouver. En 1982, Speriglio a même offert une récompense de 10 000 dollars pour le « petit carnet rouge » tenu par Marilyn, qui, selon le détective, détaillait ses conversations avec Robert Kennedy. Slatzer affirmait avoir vu ce carnet quelques jours avant la mort de Marilyn, et l'assistant légiste Lionel Grandison l'aurait remarqué à la morgue.

Fait intéressant, l'annonce de la récompense offerte par Speriglio dans le journal a coïncidé avec la publication de son premier livre, *Marilyn Monroe : un meurtre caché*, qui revient sur l'ouvrage de Slatzer et actualise l'enquête. Les rumeurs de dissimulation de preuves font que Marilyn concentrera toujours sur elle l'attention des médias alors qu'elle est morte depuis déjà des lustres.

Plus tard, cette année, un collectionneur de livres rares a offert 150 000 dollars pour le fameux carnet rouge, lequel n'a toujours pas réapparu. Beaucoup de gens en viennent à douter de son existence.

En 1986, Speriglio a écrit un second livre sur l'affaire Monroe, *La Conspiration Marilyn*, une version mise à jour de ses travaux antérieurs. Cette même année, il a tenu une conférence de presse pour exiger que l'enquête soit rouverte. Sa demande a été rejetée.

Bien que beaucoup doutent de la véracité des théories et conclusions de Slatzer et Speriglio, ces rumeurs d'assassinat ou d'étouffement d'une affaire maintiennent Marilyn au zénith du star system. Pourtant, elle était beaucoup plus que la somme de relations amoureuses à quoi se serait ajoutée une mort inexpliquée.

Comme elle le disait : « La beauté, c'est l'imperfection. Le génie, c'est la folie. Mieux vaut être complètement ridicule que totalement ennuyeux. »

Quand je vais mourir – et, vous verrez, je sais que ça va arriver vite –, on dira que je me suis suicidé en prison… N'en croyez pas un mot ! Vous serez alors surpris par le nombre de sites, d'émissions de télé et de livres qui sortiront à ce moment-là, par toutes les théories qui vont s'échafauder autour de moi et de ma mort mystérieuse… Et quand vos enfants réclameront le T-shirt ou la casquette « Luka Magnotta », vous serez d'abord horrifiés, mais vous y viendrez. Les grands esprits, les grands artistes commencent toujours par faire quelque chose que tout le monde trouve immonde, révoltant, scandaleux. Je suis morbide ? Je suis dégueulasse ? Je suis quoi encore ? Un cyber-monstre ? L'avorton dégénéré des réseaux sociaux ? Pour le moment, oui. Un jour, c'est écrit, je vais être reconnu à ma juste valeur. J'ai inventé LE nouveau genre. Je suis un visionnaire ! Un génie ! Dérangé, OK, mais comme tous les génies.

Toujours est-il que ma star numéro un est et restera James Dean. Depuis que j'ai vu *La Fureur de vivre*, je vis une véritable histoire d'amour avec James et son image… Quelle autre star du cinéma a plus de talent, de beauté, crève plus l'écran que lui ?

Les stars d'aujourd'hui sont des nains, comparées aux célébrités d'avant. Avant, il fallait du talent et du charisme, pas juste être le plus beau. À l'époque, les scandales faisaient mauvais genre. Tout a bien changé. Maintenant, il faut du scandale. Faire des trucs insensés. Les gens adorent ça.

Moi, j'ai eu l'impression d'être coincé dans le passé, tellement je me suis senti lié à James Dean. Fallait bien que j'en sorte !

James Byron Dean, né en 1931 à Marion, mort à vingt-quatre ans en Californie, est parvenu à accéder au statut d'icône culturelle en un seul film, *La Fureur de vivre*. Un rebelle de lycée à l'âme trouble, torturé par les démons de l'adolescence. Comme moi… Les deux autres rôles qui firent de lui une star sont le solitaire asocial dans *À l'est d'Éden* et le paysan revêche et raciste de *Géant*. Sa renommée et sa popularité reposent sur ces trois seuls films dans lesquels il a tenu le premier rôle. Il fut le symbole de la jeunesse en désarroi des années 1950 et 60. Il a reçu deux nominations pour l'Oscar du meilleur acteur, à titre posthume, ce qui constitue un record. Comme Bruce Lee ou Marilyn Monroe, son décès tragique et prématuré, au faîte de la gloire, a contribué au mythe et à son inscription au panthéon du cinéma américain.

Après avoir regardé *La Fureur…* je me suis senti extrêmement proche de lui. J'étais moi aussi rebelle et provocateur. Après, j'ai lu tous les livres et vu tous les films à lui consacrés. Quand j'ai lu pour la première fois sa bio, j'ai été si traumatisé par l'accident de voiture que je n'en ai plus dormi et ai pleuré des nuits entières.

J'ai toujours eu l'impression que j'étais sa réincarnation.

Lui, il jouait dans des films, et moi j'ai mis en ligne « *1 Lunatic 1 Ice Pick* »… En neuf minutes et quelques, j'ai accédé à la *starité*. À chaque époque sa méthode pour réussir. C'est pour ça que je suis la star de mon époque. Parce que je l'ai comprise. Y a quelqu'un qui a écrit : « *Magnotta, l'assassin de la génération Facebook* ». Moi, ça me va. La classe, non ?

Si ça se trouve, le film sur moi est déjà en route. Il ne sera jamais aussi bien que la réalité. Pour m'incarner, à part James Dean, j'aurais bien vu River Phœnix, il paraît que je lui ressemble. Mais bon, il est mort lui aussi, c'est sûr. Donc, à part lui… je ne vois que moi ! On pourrait me libérer le temps du tournage, non ?

Ou alors Ryan Phillippe, mais il est de moins en moins connu.

Oui, plus que tout, je voulais être une star.

Vous avez vu ma gueule ? Taillée (et retaillée) pour être celle d'une star. Toute ma vie je me suis battu pour ça. J'en ai souffert dans ma chair. Toutes ces passes, ces films de cul, ces opérations chirurgicales, on peut dire que j'en ai chié ! Maintenant j'en suis une, de star. Pour toujours. Jusqu'à ce qu'un petit malin me détrône en faisant encore mieux. Ou pire : question de point de vue. Ça arrivera de toute façon.

Vous avez vu le nombre de mes fans, sur Facebook depuis « *1 Lunatic 1 Ice Pick* » ?

Boris Cyrulnik : « C'est un mystère de voir à quel point les pervers fascinent les êtres humains, peut-être même les femmes encore plus… Prenez Guy George, qui commettait des crimes sexuels dans des conditions absolument atroces, et qui aurait reçu énormément de demandes en mariage en prison alors même qu'il avait avoué ses crimes. Cependant, toutes les femmes ne sont pas séduites par les agresseurs. Ça arrive d'ailleurs chez les hommes aussi dans la mesure où l'horreur a un pouvoir de séduction extrême. Supprimez l'horreur, vous fer-

mez presque toutes les salles du Louvre, les peintures, vous arrêtez les trois quarts de l'industrie cinématographique : films d'horreur, films de gangsters… Toute une partie de la production artistique se fonde sur l'horreur. Les pervers fascinent. »

Je voulais qu'on parle de moi. J'y suis parvenu le jour où j'ai fini par comprendre que ni mon corps, ni mon visage, même s'ils sont absolument parfaits, ne suffiraient. Je ne serais jamais mannequin. Ni acteur. Ni quoi que ce soit d'autre. Pour m'acheter un T-shirt griffé, faudrait encore et toujours que je taille des pipes. Jamais je ne sortirais de mon petit ghetto gay de Montréal. Il me fallait autre chose. Faire quelque chose d'énorme. Que je sois le seul à faire. Où je sois définitivement, sans comparaison possible et pour l'éternité, le *number one* !

Alors j'ai eu l'idée de ces vidéos. D'abord des chatons.

Puis Lin Jun.

Mes offrandes. Sacrifiées au dieu Internet.

Sacrifiées pour que je devienne célèbre.

Sans eux, vous n'auriez jamais entendu parler de moi.

Qu'ils soient ici remerciés.

Sans eux, surtout, vous ne seriez pas en train de lire ce livre.

Avouez que ç'aurait été dommage.

Remerciements

Je m'appelle Karl Zéro et je voudrais remercier celles et ceux qui m'ont aidé à me glisser dans la peau de Luka Magnotta :

Kevin Deysson, sans qui vous auriez lu *Dans la peau de Michel Fourniret* à la place.

Claude Durand, qui a dit « banco » quand je lui pitché ce *Dans la peau de Luka* à La Luna.

Sophie Kucoyanis, qui a fait chef de gare, sans qu'aucun train de mots ne déraille.

Des « Anonymous » – qui n'oublient rien – et qui m'ont donné accès à certaines pépites enfouies.

Charlotte Altschul, qui a fait imploser Skype à force d'interviews.

Nicolas Grégoire et Laura Marchegiani, qui, malgré la syntaxe et la grammaire déglinguées de Luka Magnotta, sont parvenus à suivre le fil de ses pensées.

Et Daisy d'Errata, qui ne s'est pas offusquée outre mesure de me voir passer des plombes sur des sites indicibles !

Table

Photocomposition Nord Compo
Villeneuve-d'Ascq

Impression réalisée par
CPI BRODARD ET TAUPIN
La Flèche

pour le compte des Éditions Fayard
en janvier 2013

Imprimé en France
Dépôt légal : janvier 2013
N° d'impression : 71245
36-57-3613-1/01